刘润泽◎著

中国译学话语构建：知识路径与术语学方法

教育部人文社科青年基金项目「面向中国特色话语构建的译学术语系统研究（20YJC740036）」

江苏省社科基金项目「江苏世界级非物质文化遗产术语翻译现状与优化策略研究（19YYC008）」

南京大学出版社

图书在版编目(CIP)数据

中国译学话语构建:知识路径与术语学方法 / 刘润泽
著. —南京:南京大学出版社,2021.12
ISBN 978 - 7 - 305 - 24911 - 2

Ⅰ. ①中… Ⅱ. ①刘… Ⅲ. ①翻译学－研究－中国
Ⅳ. ①H059

中国版本图书馆 CIP 数据核字（2021）第 174142 号

出版发行　南京大学出版社
社　　　址　南京市汉口路 22 号　　　　邮　编　210093
出 版 人　金鑫荣
书　　　名　**中国译学话语构建:知识路径与术语学方法**
著　　者　刘润泽
责任编辑　张淑文　　　　　　　　编辑热线　(025)83592401
印　　刷　南京京新印刷有限公司
开　　本　718 mm×960 mm　1/16 开　印张 18　字数 218 千
版　　次　2021 年 12 月第 1 版　2021 年 12 月第 1 次印刷
ISBN 978 - 7 - 305 - 24911 - 2
定　　价　85.00 元

网址:http://www.njupco.com
官方微博:http://weibo.com/njupco
官方微信号:njupress
销售咨询热线:(025)83594756

前言

中国译学话语构建:"中国翻译学" 立论精神的延续

话语发端于人际交流之初,有表达与交流之需,自然就有话语的产生。话语是用以表达意愿、传播思想乃至反哺实践的语言工具和社会工具。自有文字记载以来,人类社会发展史与话语实践史交融共生,形成了具有多元构成的话语谱系。这其中,学术话语作为生发于人类智性活动中的重要话语类型,是学科理论体系的外显形态,具有显著的知识性特质,同时内隐着话语实践所共有的权力意志。而学术话语的构建,本质上是带有意向性的知识实践,以促进原创知识生产和增强本土知识的传播力为目的。这也是开展中国译学话语构建实践的认知起点。

近年来的译学史研究表明,中国千年的翻译实践传统中孕育着丰富的译学话语资源与原创译学术语体系,直至 20 世纪 60 年代"化境"论问世,我们仍能看到传统译学话语的连续性演进与本土译学概念谱系的同质性延伸。改革开放之后,随着西方译学话语的持续性植入,国内翻译研究格局发生了翻天覆地的变化,中国本土传统译学发展进路逐渐停滞。在西方学科理性与翻译理论话语的全面影响下,国内的翻译研究在短时间内历经了从结构主义到功能主义再到文化学派与解构主义的范式更迭。这种跃进式的话语扩张现象同20世纪初中国人文社会科学的现代化转型趋势何其相像,如果借用罗荣渠先生(2008:1)对中国现代化思潮演变特点的总结,都属于"诱发型"的激变。

在话语实践层面,诱发型的现代化思潮带来的益处是显而易见的。我们可以将现成的外来翻译理论资源为己所用,指导本土翻译实践与研究。但与此同时,这种"拿来主义"可能带来的本末倒置的风险同样值得警惕。翻译研究,顾名思义,以翻译为研究对象,翻译实践是译学话语生发的源泉。具有一定普适性的译论,往往都是从地方性翻译实践中抽象阐发而来。当我们对于外来理论的依赖性与日俱增,本土翻译实践逐渐演变为验证外来译论的材料,而不是促生原创理论思维生发的基点,这时又何谈中国译学话语的生命力与影响力。回溯中国翻译实践史,历次翻译高潮期,中国翻译实践最鲜明的特征在于其所涉及的"语言对"存在巨大语言文化差异,即所谓远距离语言之间的跨文化交际实践,借此产生的中国译学知识,自然与西方基于近距离"语言对"产生的翻译理论呈现出不同的话语状貌。中西译论在问题域设立、论证逻辑与言说方式等方面具有互补性,其本质都是对特定时空内翻译实践相关问题的思考成果。中国译学话语构建的旨趣正是要理性看待中西译论的关系,回归从实践到立论这一自主性译学知识生产逻辑。

值得注意的是,在西方译论持续性输入的高潮期,国内学界几乎同步进行着有关"中国翻译学"的探讨与争鸣。"中国翻译学"这一提法可追溯至1951年。董秋斯先生在《论翻译理论的建设》一文中曾主张系统梳理东汉以来的翻译经验,编译世界各国的译学文献,并完成中国翻译史与中国翻译学的撰写。至20世纪80年代末,在方梦之先生的《发展与完善我国的译学研究体系——谈建立中国翻译学》一文中,"中国翻译学"成为一个显性术语标记,其概念内涵也逐步得以明晰。而同时期由张柏然先生构思并践行的"中国翻译学"路线图更是鲜明地反映出"中国翻译学"的立论精神。他一方面珍视译学的"中国传统",将对中国译论传统的阐发上升至哲学与美学方法论层面,同时重视中国译学与国际接轨,倡导在中西译论互鉴互补中根治中国当代译学研究的"失语症"问题。在张氏"中国翻译学"版图中,传统译论的价值在于它的奠基意义,而不是支配作用。正如我们不能不顾"远距离"语言对翻译实践的特殊性而简单地全盘复制西方译论一样,面对传统译论与学术文化资源,也应有所扬弃与开拓延伸,在遵循译学知识生产自主逻辑的基础上,构建更具普遍应用价值的译学话语,为世界译学的建设添砖加瓦。这个意义上,中国当代译学话语构建乃是"中国翻译学"立论精神的延续。

学界前辈有关"中国翻译学"的前瞻性思考,是立足于世界译学与人文研究的宏阔格局、检视与反思中国译学生态中存在的话语失衡问题而取得的思想成果,其中折射出深刻的学科话语"元批评"思维。这一批评思想基因实则可追溯至20世纪初由中国学术文化现代化转型触发的学术话语批评传统。时至今日,由于认知视角不一,"中国翻译学"这一说法在我国翻译研究共同体内部仍未完全被接受,但其背后的立论精神却获得了广泛认同,即立足于中国实际翻译问题进行翻译理论探索,依托人类翻译实践地方性知识的多样性探究普遍性规律。传统学术理路的接续与当代理论话语的创新始终是中国当代译学话语构建的深层诉求。近年来,国内学界在译学话语构建研究方面已经产出比较丰硕的成果，包括中国翻译史的梳理、中国传统译论的现代转型、当代新型译论的创立、中西译论比较等多个面向，从中也可看到"中国翻译学"立论精神的延续与发展。如今，中国译学话语构建研究已经进入一个亟待方法论反思的阶段。这方面，术语学作为一门关于专门领域知识话语的元科学，或可带来有益的启示。

　　进入 21 世纪以来，随着术语学作为独立学科地位的确立，中国的术语学研究有了长足的发展，术语作为研究对象，其应用复杂性也逐步得到更加深入的诠释。术语不仅是一个去语境化的语符标签，同时也是一个交际单位，在具体使用中扮演着传播知识与构建话语的关键角色。在学术领域，话语的生成、(跨语)传播与应用均与术语有着密切关联，术语对于不同类型的学术话语实践都有着举足轻重的影响。无论在过去还是当下，在中国本土学术话语领域留下了诸多术语实践印记，记录着术语与各学科知识形态的纹理交织，术语研究的方法论价值值得挖掘与反思。实际上，近年来，在包括译学在内的诸多学科领域，不少学者已经注意到范畴概念体系与术语使用在学术话语构建实践中的多重价值。如何在这一术语研究动向基础上更进一步，阐发服务于中国当代学术话语构建的术语学方法论是应有的题中之义。本书从译学话语这一兼具人文性与社会性的交叉学科领域出发，探索中国译学话语构建的知识路径与术语学方法，并从中提炼出术语批评的创新理念与应用途径，或可看作这方面的有益尝试，这同样也是中国特色术语学理论体系建设进程中的一次全新探索。

目录

第一章

绪　论

对于学科而言,无论是新创还是发展,其体制与理论建设均不可或缺。其中,学科理论建设尤为重要。一门学科能否真正确立,很大程度上取决于该学科是否具有"区别于他学科的有专门价值的理论体系"(陈跃红 1999:103),亦即该学科的学术话语体系。而一门学科能否持续性深入发展,则取决于其学术话语体系的构建水平如何。立足中国现当代学术发展史不难发现,学术话语构建的实践传统由来已久。从 20 世纪初的"国故新潮之争"到 20 世纪 30 年代的"中国本位"论与学术"中国化"运动,无不是本土学人追求学术自主、践行话语构建的佐证。改革开放以来,这一传统得以延续,并逐渐成为中国当代人文社会科学领域学者的基本共识。与此同时,显著提升中国学术话语的国际影响力,使之与我国综合国力和国际地位相称,也成为学界的基本共识。中国学术话语体系的创新构建仍任重而道远。本书旨在明晰学术话语构建的知识实践本质,聚焦中国译学话语,探讨面向中国译学话语创新构建的术语学方法,并提出术语学向度上的中国学术话语构建方法论。

1.1 中国学术话语构建的历史传统与当代价值

辜正坤先生在《翻译与中国现代文化的欧化趋向略论》这篇序言中曾谈道:"学术话语是一种文化体系中最核心的核心。它的演变昭示着该种文化体系的走向。"(彭发胜 2011：序 2)实际上，反之亦然。学术话语作为学术文化的智性表达体系，同样会受到文化演变之共性规律的支配。众所周知，文化伴随着人类的社会生活实践而产生。这其中，文化杂糅（hybridity）、文化迁移与融合（transculturation）均是常态现象（André & Peng 2012：14）。在这一开放性的文化实践场域中，同时也上演着学术话语的迁徙、交杂与融合。就中国传统学术话语而言，其本身的发展便是一个伴随着中国传统文化体系的演进自然生发的过程。例如，汉代的经学整合了包括儒、道在内的诸子百家思想，而宋明理学则可视为佛学思想进入中国语境后融合儒、道创生而来的话语形态。传统学术模因在这一历时的话语传播与使用中逐渐获取了较为稳定的概念内涵结构，并拓展着外延范畴。而近现代以来，在西学东渐大潮的助推下，这一自足的学术话语演化模式逐渐式微。伴随着中国近现代社会文化生态的更迭，大批外来学术概念在不同历史阶段先后涌入中国思想界，西方学术话语跨语传播的系统性影响逐步深入。我国现代学科体系的植入性与学科知识结构的外源性持续给中国本土学科理论创新带来惯性制约。与此同时，由于我国传统学术资源与思维范式之间的时空疏离，中国现代学术话语实践还面临着内在知识给养接续不足的问题。这一历史复杂性在中国人文社会科学领域体现得尤为明显。中国人文社科学术话语构建的历史背景理应作为当代学人开展学术话语构建实践与研究的认知起点。

回顾中国学术文化的百年演进，现代化无疑是一条主线，见证着汉语学科体系与学术话语体系的双重变革。联系到同期的社会历史语境不难发现，中国学术的现代化实则触发于整个社会的现代化大潮之中，其轨迹走向也深受后者的影响。众所周知，现代化是世界范围内的历史进程，但在东西方却有着不同的实践表征。相比于西方国家现代化的"原生形态(罗荣渠 2008：1)"，中国的现代化则属于"诱发型"(同上)，具体来说，是"外部刺激与内部回应两者相结合的过程……是近代西方的冲击与东方国家本身做出反响的一个错综复杂过程。"(同上，2-3)。在学术领域，这种"外部刺激"主要是指以西方学科理性为依托的知识话语体系。东渐而来的西方学科理性与异质性话语打破了本土传统学术的自足体系，"诱发"中西学术文化博弈与中国学术的现代化转型，并由此开启中西共现视域之下中国学术话语构建的辗转之路。

　　清末民初是中国近现代史上的一个关键"鞍型期(sattelzeit)"(Koselleck 1996)。所谓"鞍型期"，指的是德国概念史研究范式中的一个基本概念。"鞍型期"的理论假设原本是西方学者根据欧洲历史情境提出的。根据方维规(2011)，"鞍型期"的说法借自两座山峰之间地势较低的过渡地带这一地理意象，喻指西方近代与现代之间的历史界线，时间约为启蒙运动晚期至法国大革命前后。这一概念隐喻对于理解中国学术现代化发展史具有一定借鉴意义。在"三千年未有之大变局"的清末历史时期，从物质文化到制度与精神文化层面，中华民族的自我文化认同一度遭遇瓦解危机。其间，曾被赋予至高精神价值与话语权威的学术传统也饱受诘难。"别求新声于异邦"成为中国人文社科学术话语现代化转型的序幕。相关学科史研究表明，中国人文社科领域中，现代意义上的学科群落便萌生于这一"鞍型期"。

　　例如，在文学领域，清末民初，随着西方新文学形态和文学学科观念的输入，"文学"才逐渐演变发展成为一个独立学科门类称谓(余来明 2014)；在史学领域，20 世纪初兴起的"史界革命"是我国移植西方史学话语体系及其话语生产逻辑的开端，新史学话语的"表述方式本身也是'文界革命'的产物"(杨念群、黄兴涛、毛丹 2003：

745)；在哲学领域，1919 年由胡适撰著的《中国哲学史大纲》问世，这标志着中国哲学史学科体系的建立①。

除了文史哲这三个传统人文学科门类，这一时期同样见证了中国社会科学领域诸多学科之名的确立。例如，政治学学科体系构建始于晚清(王昆，2014)；康有为于 1891 年在广州万木草堂开设"群学"，标志着中国现代社会学的诞生；关于法学，清末法学家沈家本曾言："吾国近代十年来，亦渐知采用东西法律。余从事斯役，延访名流，分司编辑；聘东方博士相与讨论讲求，复创设法律学堂以造就人材。中国法学于焉萌芽。②"

很大程度上，"中国现代学科的建立，乃涉及全方位文化迁徙的现象，并且与'西学'传播的各个阶段密切相关"(章清 2007：110)。这一文化迁徙现象往往以丰富的话语实践为表象，以译介活动为枢纽，其实质是在本土学术传统、现实情境和西学体系三者共同博弈之下形成的知识再生产活动。需要说明的是，在清末这一特殊的社会文化环境中，意识形态的喧嚣似乎盖过了学术理性，在"百事不如人"这一民族自卑心理的驱使下，填补进来的西学逐渐演变成为"一种替代性的'西教'……未加反思地以最高的原则自居"(陈赟、赵璕2010：46)。最终，"经史子集"四部传统之学被西方现代学科体系和学术标准逐步取代，各领域的学术概念体系发生根本变化，这对后世中国学术话语体系的发展持续产生潜移默化的影响。

值得注意的是，在新文化运动时期内外交困的社会形势中，学术话语西化现象已经引起学界的关注，不少本土学人开始深入反思中西学术文化关系。例如，《国故》与《新潮》作为当时的代表刊物，

① 见王法周《中国哲学史大纲》导论，载于胡适(2011)。
② 原载 1913 年《法学会杂志》第 1 卷第 1 号，转引自李贵连(1997)。

二者的发刊旨趣均紧系中国学术话语的构建问题。前者"以昌明中国固有之学术为宗旨",后者"旨在唤起国人对于本国学术之自觉心"①,从中不难看出中国本土早期的学术话语构建意识。而且,彼时的讨论已经触及中西学术话语的"对等"关系问题。例如,毛子水在《国故和科学的精神》(1919)一文中指出:"国故是杂乱无章的零碎智识;欧化是有系统的学术。这两个东西,万万没有对等的道理。"(转引自卢毅 2004:40)对此,张煊则申辩道:"国故,东洋文明之代表也;欧化,西洋文明之代表也。今日东西洋之文明,当然处对等地位。"(同上)时至今日,究竟该如何认识中西学术话语的"对等"关系,并用以指导话语实践仍是中国人文社科学术话语构建研究中的核心议题。

中国现代史上的学术话语构建浪潮在抗日战争时期又迎来了新的转向。"九一八"事变后,学术救国成为显性社会需求,其中的一个核心观点是"通过对中国传统学术和文化的发掘、阐释和弘扬,来增强民族的自尊心、自信心和自豪感"(张君劢 2006:93)。如果说,此前中国学术的形成与发展深受西方学术思想及话语系统的植入性影响,在很大程度上具有被动性,那么,这一阶段由民族复兴思潮催生的学术话语构建取向则呈现出鲜明的主动性,是一次在东西文化关系大讨论中应运而生的"有意识的计划"(张熙若 1935)。这一以中国文化为本位的学术话语构建姿态在随后的"学术中国化"②运动中得到延续发展。在学理层面,"所谓'中国化',是融化不是拼

---

① 出自傅斯年所撰《〈新潮〉发刊旨趣书》,原载 1919 年《新潮》第 1 卷第 1 号,转引自岳玉玺等(1996:56)。

② 1938 年中国共产党六届六中全会上,毛泽东在《论新阶段》报告中提出"马克思主义中国化"的观点,其后发展为学术中国化运动。据郑大华(2017:627—630),学术中国化运动旨在"建立起中国的社会科学和自然科学""充分吸收外来学术和文化""继承和发扬民族的文化遗产"以及"研究和解决中国的实际问题"。

凑，是化合不是混合"。① 显然，这是一种中西会通的学术话语构建观。客观而论，这一自上而下发起的"学术中国化"运动带有一定程度的民族主义情绪，却不失为一种在特殊历史时期对西方意识形态支配地位的必要回应。

历史的车轮推进至当代改革开放时期，中西学术文化的博弈与共生依旧是中国学术界关注的一个重要问题，学术话语构建的现实需求愈发凸显。自20世纪80年代起，我国对西方现代学术思想与话语系统的译介与输入变得更为积极主动。相比于前述历史阶段，这一时期的西学译介与传播在规模、时间跨度以及影响力方面都是空前的。一时间，"拿来主义"在中国学界也骤然成风，以至于"……所有理论都是外来的。外国的理论在哪儿翻新，咱们也就跟着转"（吕叔湘1987：1）。吕叔湘先生此处描述的是语言学研究领域学术话语西化现象，这其实也是同期中国人文社科整体学术话语生态的缩影。这一时期，先行注意到并深刻反思中国学术话语"失语症"问题的是人文研究领域的学者。他们意识到，本土文化资源正沦为"印证某种西方理论方法的材料"（李春青1996：122），"中国大地成了各种外国理论武器大比武的场地"（曹顺庆、李思屈1996：13），乃至于中国本土人文研究"丧失或背离了自身固有的文化精神"（李清良1997：84）。21世纪以来，伴随群体性学术话语焦虑，中国人文社科领域的学术话语构建研究规模也逐渐壮大起来。

"现代社会人文科学乃一国文化之'硬核'，现代中国文化之发展必须先致力于强化此文化核心部分。"（李幼蒸2003：226）当下，学术话语构建及其研究已发展成为贯穿整个人文社科领域的时代课

---

① 出自《漫谈学术中国化问题》（嵇文甫），原载《理论与现实》第1卷第4期，转引自蔡尚思（1983：50）。

题,提升中国学术话语尤其是人文社科领域学术话语的创新能力及其影响力甚至已被置于国家文化发展战略的高度。例如,在 2012 年马克思主义理论研究和建设工程工作会议和 2013 年全国宣传思想工作会议上,国家领导人先后就中国哲学社会科学学术话语体系的当代建设做出重要指示。此外,在 2016 年哲学社会科学工作座谈会①上,国家领导人还强调:"要按照立足中国、借鉴国外,挖掘历史、把握当代,关怀人类、面向未来的思路,着力构建中国特色哲学社会科学,在指导思想、学科体系、学术体系、话语体系等方面充分体现中国特色、中国风格、中国气派。""我们既要立足本国实际,又要开门搞研究。对人类创造的有益的理论观点和学术成果,我们应该吸收借鉴,但不能把一种理论观点和学术成果当成'唯一准则'。"这为中国当代学术话语构建及其研究明确了方向,同时也提出新的要求。

　　新时期的学术话语构建不仅仅旨在摆脱西学的"学徒状态"(吴晓明 2016),更重要的是,我国当代社会实践的独特性给本土学术理论创新提出现实与未来的双重目标要求,我们需要思考如何推陈出新,重建学术自主与自足并走向自信,这是中国当代学术发展的时代使命与文化责任。与此同时,中国当代学术话语构建实践有着面向国际传播的明确意向。这其实响应了季羡林先生(1996:13)最初在谈论中国文论话语构建时提出的观点,即"当年鲁迅主张'拿来主义',我们现在要在拿来的同时,大力张扬'送去主义'"。从学术文化发展的世界观来看,民族的"失语症"即世界的"失语症"。外向型话语构建与传播是中国当代学术文化演进的必经之路。

---

① http://www.npopss-cn.gov.cn/n1/2016/0519/c219468-28361739.html

1.2 中国译学话语构建实践的典型复杂性

知识论意义上，人文社科究其本质是一个宽泛的知识类别标签，其代表着一种独特的知识生产及话语实践方式。人文社科研究具有典型的地方性特点，不同的区域性人文社会环境都有可能孕育出独特的知识生产方式与话语实践传统。中国也不例外。"古中国强调系统综合及相互关系的辩证整体论及知识体系……如果中国的古科学能够发育完全并延续到今天，则可能会以经、史、子、集、工技、农艺、医卜等学科科目形式描绘世界。"（钱旭红 2012：107）。只不过因历史使然，中国人文社科学术话语未能按照这一自足而传统的构建逻辑持续发展下去。在近现代以来的西学翻译浪潮中，西学话语的移植性影响可谓深远。其结果是，中国人文社科领域既受到西方学术话语的同质化影响，同时又在不同程度上延续着传统学术的异质性基因与命脉。广义而言，中国人文社科学术话语构建是中国传统知识谱系不断被改写的过程。这其中，本土学术传统同西方现代科学理性之间的辩证博弈延续至今，形成了中国人文社科学术话语独特的构建逻辑，即从传统的自足性发展，到广泛西化再到反思性构建这一历时轨迹。

中国人文社科学术话语现代化转型的历时跨度较大，这一发展过程始终离不开翻译的构建作用，翻译可以说是构成中国人文社科学术话语整体构建逻辑的一部分。例如，中国哲学、宗教学中一些基本语汇的学术义，就是在汉唐译经时期借助格义等术语翻译方法获取并稳定下来的。19 世纪末至 20 世纪初的西学翻译高潮，有力推动了中国人文社科话语群落的集体转型。改革开放以来，当代翻译高潮带来的系统性话语影响更是达到了空前的程度。而伴随着中国学术文化发展史,每一次翻译实践带来的理性思考与著述又不断更新着中国译学话语的构成,推动着译学话语体系的深入发展。可以说,围绕翻译现象产生的中国译学话语同步发展于中国整个人文社科学术话语生态之中。中国译学话语实践的历史发展轨迹同中国人文社科领域的其他学科较为一致,也经历了一个由自主构建到系统植入西方话语的过程。译学作为一个分支学科,固然不能全面地反映中国人文社科整个学科群落话语构建过程当中的所有问题,但从学术话语实践的角度来看,无论是在话语历时构建逻辑的完整性上,还是在知识类型特征的全面性上,中国译学话语实践均具有一定典型性。

翻译实践是译论生发的源泉。历史证明,无论在中国还是西方,翻译实践都滥觞已久。在西方,早在公元前 3 世纪左右,《七十子希腊文本》与拉丁语版的《奥德赛》就相继问世了,而中国历史上有文字记载的翻译活动可追溯至周代。翻译实践是译学话语生产的现实土壤,这些人类早期的翻译实践也催生了中西传统译学话语。就中国本土翻译实践而言,其历时久远,并且具有鲜明的阶段特征。也正是在这一历时演进过程中,本土译学知识空间借助译学术语的创生与使用逐步构建起来,中国传统译学话语得到延续性发展。例如,彦琮的"八例"说涉及翻译主体性问题,可以看作对道安提出的翻译本体论相关译论的继承与发展(王宏印 2003);又如,"信、达、雅"这一组经典译学术语概念的知识内涵同译经时期支谦的翻译观具有鲜明的互文性关联。

中国传统译学话语的生发,离不开本土哲学与美学思想资源的滋养,而且,不同于中国其他社会学科传统的话语依附性,中国传统译学话语相较而言具有独立而清晰的演化脉络。一般而言,中国人文社科中,除了以文、史、哲为代表的传统人文学科,大多数社会学科的传统根基蕴含于典籍话语,直至近现代转型阶段才从其中逐渐剥离出来,甚至依旧保持着"雪藏"的状态。中国译学则不同。在西方译学话语进入中国本土译学生态之前,中国传统译学话语一直维持着自足且逐步深入的自然构建路径。

至改革开放时期,西方语言学派译论成果开始进入国内学界的研究视域,并得到全面应用,由此开启了系统译介西方译论的活跃期,中国译学话语的现代化进程也拉开了序幕。自此,国内翻译研究格局发生了翻天覆地的变化,这在很大程度上是西方译学话语持续性植入的结果。在西方学科理性与翻译理论话语的影响下,国内的翻译研究在短时间内历经了从结构主义到功能主义再到文化学派与解构主义的范式更迭。这种跃进式的话语扩张现象同始于 20 世纪初的国内各学科话语的现代化转型趋势何其相像。长期以来,我国翻译研究其实也折射出中国学术文化现代化转型的共性特点,即"诱发型"(罗荣渠 2008:1)的激变。这一话语实践模式带来的益处是显而易见的,即可以将现成的外来翻译理论话语资源为己所用,指导本土翻译实践与研究。事实证明,改革开放以来的"不少成果是在借鉴其他国家优秀的理论成果基础之上取得的"(许钧 等 2018:90)。而与此同时,译论的大量涌入也带来了实践与立论本末倒置的风险,甚至滋生出"理论速食主义"(同上,447),"以至于我们还没来得及消化一种理论,就立即被另外一种新的理论湮没"(同上)。换言之,相比于人文社科领域的其他学科,中国译学话语的现代化进程起步较晚,但其发展轨迹却沿袭了整个人文社科话语发展的共性规律,同样呈现出明显的西化趋势。长此以往,我们对于外来理论的依赖性会与日俱增,这十分不利于本土原创译学话语能力与影响力的提升。客观而论,当前,"我们的翻译学并没有建立起自己的理论体系和话语体系"(同上,90),"挖掘翻译研究的理论性资源与理论创新的可能性"(许钧 等 2018:446)仍是国内翻译学建设面临的要务。由此可见,很大程度上,我们可以将中国译学话语的演进历程看作中国人文社科领域学术话语历时发展的一个缩影,而改革开放以来西方译学的系统译介给传统译论的生存与延续带来冲击的同时,也推动着中国当代译学话语的批评、反思与优化等一系列实践。中国当代译学话语构建的立意,本质上可以看作对从实践到立论这一自主性译学知识生产逻辑的回归。

值得注意的是,在现代化转型过程中,中国译学状貌还呈现出化合人文研究与社会科学的综合性话语特征。它既从本土传统哲学与美学话语中汲取养分,同时又深受现代语言科学思维与文化研究范式的影响。多元的话语构型使中国译学获得一种超越性的学科特点,"它不是任何一个学科所能包括得了的"。(杨自俭 2002:6)"它不被既定的学科建制所认可,但却可以游刃于多门学科之间。"(王宁 2005:7)可以说,得益于这种超越性的学科话语特点,中国译学在其相对短暂的现代学科意义上的发展周期内,以一种边缘学科的姿态反映着中西学术文化烙印的深刻影响,记录着中国整个人文社科学术话语的核心构建逻辑。

第二章

中国学术话语构建实践回顾

由历史观之,中国近现代社会的转型期见证了中国学术话语构建自觉意识的觉醒。特别是新文化运动以来直至抗战期间这一历史阶段,本土学者对于中西学术文化关系的探讨以及对于中国学术路向的反思尤为活跃。时空轮转,随着当代的历史序幕拉开,大量外来学术思想借助翻译在中国本土广泛传播。中国人文社科领域的学术话语样态快速更迭,以"古今之变、中西之异为主要话语结构的中国问题再一次呈现出来"(陈赟、赵琦 2010:27)。与此同时,伴随着学术话语生产实践日益丰富,中国学术话语构建之传统也得以延续。本章将因循历史逻辑,梳理中国学术话语构建实践的缘起与发展,并进一步聚焦中国译学领域,反思中国学术话语构建的方法动向。

2.1 中国学术话语构建实践缘起与延续

在中国近现代社会的转型期,本土学术传统何去何从是相关论争的焦点所在。五四新文化运动时期,在"国故新潮之争"中,关于如何对待"国故",亦即中国学术传统这一问题,张煊在《驳〈新潮·国故和科学的精神〉篇》①一文中曾提出以下见解:"凡学无论其属于

———————

① 原载于 1919 年《国故》第 3 期。

国故,抑属于欧化,皆有研究之价值……在世界学术方面观之,与其得一抄拾欧化之人,毋宁得一整理国故之人。抄拾欧化,欧化之本身不加长也;整理国故以贡诸世界学术界,世界反多有所得。"(转引自贺昌盛 2014:75) 不难看出,在当时的时代背景下,张煊已经立足于国际视野认识到中国语境下学术研究之中西兼备的必要性。其论述其实已涉及学术话语构建的路径问题。尤其是他强调的"整理国故"思想,明显带有话语构建的色彩。在《中国文学改良论》中[①],胡先骕提出了同张煊相合的论点。他指出:"盖人之异于物者,以其有思想之历史,而前任之著作,即后人之遗产也……故欲创造新文学,必浸淫于古籍,尽得其精华而遗其糟粕,乃能应实时之所趋……。"(转引自钱基博 2013:223) 胡先骕此处所讲到的面向"思想之历史","得其精华而遗其糟粕",以创造新文学,便是他所认为的用以整理国故、构建文学学术话语的有效路径。继"国故新潮之争"后,胡适在《新思潮的意义》[②]一文中较为系统地提出了"整理国故"的具体方法,他认为"第一步是条理系统的整理……第二步是要寻出每种学术思想怎样发生,发生之后有什么影响效果……第三步是要用科学的方法,作精确的考证,把古人的意义弄得明白清楚……综合前三步的研究,各家都还他一个本来真面目,各家都还他一个真价值"(转引自贺昌盛 2014:41)。按照这一套做法,正是要立足传统思想资源以客观的眼光重新构建中国传统学术话语,以达到"再造文明"的目的。

某种意义上,我们可以将新文化运动时期以"输入学理、整理国故"为主轴的学术话语构建路向看作文化激进主义同文化保守主义

---

① 原载于 1919 年《东方杂志》第 16 卷第 3 期。
② 原载于 1919 年《新青年》第 7 卷第 1 号。

相持之中产生的一种折中方案。这其中,在"国故"之价值如何这一问题上,仍存在较大争议。20世纪30年代以来,以"九一八"事变为标志的一系列国殇事件痛击中华民族的神经,这反而促使思想界群贤重申"国故"之于民族文化的重要性、思考学术话语体系构建与自主创新的方法路径。例如,陈寅恪曾在《冯友兰〈中国哲学史〉(下册)审查报告》中称:"其真能于思想上自成系统,有所创获者,必须一方面吸收输入外来之学说,一方面不忘本来民族之地位。"(转引自刘梦溪 2016:67)这里提到的两个方面最终指向的是基于民族本位的学术自塑。这一点同张君劢的主张十分契合。张君劢(2006:247)在20世纪30年代就曾明确指出,"独立民族必有独立学术",而"……吾国之思想界中,隐然有美英法德俄日之势力范围存乎其中,诚欲有以补救之,惟有奖励吾国人之自主的思想,国族本位之学说,自然合此以国为别之学说而治之于一炉之中……"(同上,绪言5)。值得注意的是,张君劢在论证学术复兴之于民族复兴的重要性时,已经初步探讨了在中国学术话语构建实践中应予以践行的中西比较的方法。在《民族复兴之学术基础》这部论著中,张君劢(同上,16)曾引用国际联盟知识合作社出版的《中国教育改造报告书》中的观点,"将中国历史、哲学、文学中理智状态之类于欧西文艺复兴与理性主义运动者,施以提要钩元之功,以预为之地,而后乃能进于科学与技术方面之发达",以此呼应他所主张的"死后复活"(同上,246)式的学术话语创新尝试,"即在新努力之下,对于吾国之旧文化,加以一种选择"。(同上)

　　在同时期学术话语构建与创新的反思浪潮中,学术话语的全盘西化及其对策是另一个探讨焦点。其中的一个主流观点是立足中国本位选择性地借鉴外来学术思想,而不是一味地照搬。关于这一方面,在1936年出版的《中国本位文化建设讨论集》中,首篇文章《中国本位的文化建设宣言》明确指出："吸收欧美的文化是必要而且应该的,但须吸收其所当吸收,而不应以全盘承受的态度……吸收的标准当决定于现代中国的需要。"(文化建设月刊社 1936:13)哲学作为学术文化体系中最基础的领域,是这一宣言所倡导的中国本位学术话语构建实践的发源地,"辩证唯物论的中国化"便是在这样的背景下提出的。所谓辩证唯物论的中国化,根据胡绳在《辩证唯物论入门》前言中的观点,可以概括为"用现实的中国的具体事实来阐明理论"(转引自李方祥 2008:61),同时"于理论的叙述中,随时述及中国哲学史的遗产以及近三十年来中国的思想斗争"。随后,在中国共产党的六届六中全会上,毛泽东明确提出了"马克思主义中国化"这一说法,这也使得中国化的学术话语构建取向随后在人文社科其他学科领域得到更为广泛的传播与应用,这一理念提倡"把各种学术知识和中国自己的实际社会生活的种种方面联系起来[①]",以此推动中国现代学术的创新[②]。

自 20 世纪 90 年代起,中国学术话语构建相关的实践问题重新回到学界视野。早在 1990 年刊登于《文艺争鸣》第 1 期的《第三世界文化与中国文学》一文中,张颐武(1990)便指出了"'西方化'过程中的话语单一化"这一问题,并提出中国文学话语正值转型期,亟待第三世界文化观照下人文语言的创新这一观点。张颐武所说的"话语单一化",正是对当时中国学术话语实践主体性整体欠缺这一现实情况的真实写照。刘崇中(1997)则更直接地指出了这一问题,他认为"把当今西方思想理论权威化,中心化,经典化……希望自己民族的文化思想能够得到西方的首肯和称赞"已经成为那一时期中国学

---

① 出自潘菽《学术中国化问题的发端》,原载 1939 年《读书月报》第 1 卷第 3 期,转引自郑大华(2017:626)。
② 在此期间产生了一批具有重要影响的学术成果,详见李方祥(2008)。

术话语实践中的常态(刘崇中 1997:18)。实际上,这种学术话语西化现象确实是中国人文研究领域所面临的共性问题,在文、史、哲等基础学科领域尤为凸显,学界对这一话语问题的反思也延续至今。例如,曹顺庆(1996)直指中国文论界的失语症和文化病态;江湄基于对中国大陆史学思潮变迁的观察,认为20世纪80年代末起,中国史学界就紧跟欧美学术潮流之后,"不过在用理论移植进行学术创新"(陈赟、赵璕 2010:71),暴露出"当代史学界在思想上的空虚和贫乏"(同上);又如,杨立华指出,改革开放后的30年里,国内的哲学研究"面对各种各样西方思想的强势冲击"(同上,15),在此过程中"完成了某种主体性的转变:从抵抗中持守的主体,转变为对话的主体。但在这种转变中,也蕴涵着某种巨大的危险:在渴望被理解的追求中,从根本上丧失了主体性地位"。(同上)

从中国人文社科学术文化发展史来看,延续至今的"西化"学术话语样态在很大程度上是历史的产物。在救亡图存这一时代需求的驱使下,人们对西方知识体系的认识时常被工具理性所左右,而缺乏价值理性层面的深入思考与判断。如果说这是一种历史的必然,那么当下国内学界逐渐唤醒学术文化的主体性意识,展开对中国学术话语现代化发展现状的反思与批评,探究中国学术话语构建的合法性与可行性,也是一种历史的必然。随着相关学术探讨的不断深入和拓展,人文社科领域中的其他学科也被纳入学术话语研究的视域中来,例如,语言学(节于今 2006;胡壮麟 2011;等等)、艺术学(张法 2011;李倍雷 2013;等等)、社会学(郑杭生 2011,2012;等等)、经济学①(张宇 2015 等)、法学(曾令良 2011;李龙 2012;等等)、心理学(郑荣双、叶浩生 2007;舒跃育 2016;等等)。相关研究另可集中参

---

① 另可见《政治经济学评论》2013 年第 1 期专题。

阅由全国哲学社会科学话语体系建设协调会议办公室编辑的中国哲学社会科学话语体系研究辑刊，其中包括第 1 辑：《中国学术与话语体系建构》(总论 人文科学卷)(2015)与《中国学术与话语体系建构》(社会科学卷)(2015)；第 2 辑：《中国学术与话语体系建构》(2016)。上述研究主要从学术史和学科史的角度就相关学科学术话语当代构建的策略问题进行讨论，主要涉及以下内容：

一方面，继续倡导重新认识中国传统学术资源的价值。例如，李清良(1997:86)认为，应该"全面反思和审察本世纪以来我们对于传统文化的解读和领会，变误读、不读为对于传统文化典籍的全面的冷静的自证自得"。杨立华强调"对中国思想资源的深细阅读"(陈赟、赵璕 2010:15)，据此"自立吾理"(同上)；唐文明甚至提议在学科设置上恢复经学，同时"还必须对西方的经典与文教传统有客观、同情、深入的理解"。(同上，32)概括下来就是"出入西耶，返诸六经"(同上)。

另一方面，倡导谨慎提防由狭隘民族主义误区(金惠敏 2002)，以"既不唯洋也不排洋，既不唯古也不排古"(曹顺庆、李思屈 1996:20)为基本态度，推进传统学术话语的创造性转化，使其融入当代学术话语体系，同时注重中西异质文化间的沟通，实现"不同话语之间的'复调式'对白"。(同上，17)在这一模式下，不少学者进一步提出更为具体的操作理念，如发展一套"既植根于中国文化本土，又能参与世界文化的平等交流"(同上)，中西"双方都能接受而又能互相解读的'地方普通话'"(同上)，建构面向中国社会文化自身问题或现象的中国特色学术话语体系(白耶 2003；郑杭生 2012)。

整体来看，相比于中国学术文化现代化转型期的学术话语构建研究，当代学术话语构建研究的规模蔚然可观，同时形成了较为一致的认识路径，为中国当代学术话语实践摆脱西化模式提供了建设性思考。但多数研究仍以宏观论述为主,缺乏专门就中国学术话语构建所需的具体方法路径及其有效性翔实深入的理论思考,这同时也制约着中国当代学术话语优化实践的系统开展。中国学术话语构建的关键在于如何处理好中西关系与古今关系这两个密切相关的问题。在方法论上寻求突破,从"坐而论道"到"起而行之",是中国当代学术话语构建研究的要务。

2.2　中国译学话语构建实践现状概览

学术史表明,早在西方译论被广泛译介之前的 20 世纪上半叶,中国本土便萌生了翻译研究意识,先后问世了蒋翼振的《翻译学通论》(1927)、吴曙光的《翻译论》(1932)、杨镇华的《翻译研究》(1935)、黄嘉德的《翻译论集》(1940)等几部译学著作(方梦之 2011a:iii)。其中,蒋翼振的《翻译学通论》是第一部以"翻译学"命名的论著,"翻译学"这一术语使用比西方早出现了二三十年(方梦之 2007)。而就在中国译学学科化发展之初,中国译学话语构建相关的思考已然出现。例如,蒋翼振(1927)在自序中提及,民国十五年在圣保罗高级中学已设置翻译学教程,还透露了继《翻译学通论》之后编《中国译学史》的计划,从中不难看出本土学者自发的译学话语构建意识。又如,1951 年,《翻译通讯》主编董秋斯在《论翻译的理论建设》[①]中,专门强调"翻译是一种科学"(转引自罗新璋、陈应年 2009:602),明确提出"中国翻译学"(同上,608)的说法,并提出了编写中国翻译史和中国翻译学两部论著的构想。

自 20 世纪 80 年代始,在西方译论被广泛译介的背景下,中国学

[①]　原载《翻译通报》1951 年第 2 卷第 4 期。

者译学话语构建的步伐也随之加快。刘靖之(1981:14)总结道："在过去八十年里，我国的翻译理论始终是朝着同一方向，那就是'重神似不重形似'以便达到翻译上的'化境'。"根据这一理念，由其编写的《翻译论集》于1981年出版，其中收录30多篇继严复之后所著的译论文章。这可以看作中国学者面向本土传统译学资源所作的译学话语构建方面的努力。1984年，由罗新璋编著的同名论集出版，其中收录汉末以来180多篇承载着中国传统译学思想的文章。在序言《我国自成体系的翻译理论(续)》一文中，罗新璋(1983b:12)提出："我国的译论，原作为古典文论和传统美学的一股支流，慢慢由合而分，逐渐游离独立，正在形成一门新兴的学科——翻译学。"他还根据这些传统译论文献，提炼出"案本—求信—神似—化境"这四个核心译论概念，认为它们"既是各自独立，又是相互联系，渐次发展，构成一个整体的；而这个整体，当为我国翻译理论体系里的重要自成部分。"(同上，20)他的这一译学话语构建主张也在后续的文章中得以进一步阐述："任何一种翻译主张，如果同本国的翻译实践脱节，便成无本之木，无源之水，没有渊源的崭新译论，可以时髦一时，终难遍播久远。"(罗新璋1990a:10)同年，另一部收录中国传统译论文献的《翻译研究论文集》由《翻译通讯》编辑部编辑出版，共收录文章114篇，时间跨度为1894至1983年。

上述文集的编录反映了本土学者通过传承传统译论资源进行中国译学话语构建的意识与尝试。1984年，马祖毅的《中国翻译简史》问世，2004年再版。刘重德在《中国翻译简史》序中称这是"一部系统阐述我国自远古迄'五四'运动以前历代翻译活动的专著"(马祖毅2004:3)。与此同时，杨自俭在该书序言中指出，这部著作书写了"中国古代到近代的翻译事业和翻译理论的产生、演变和发展的历史进程"(马祖毅2004:5)。不难看出，《中国翻译简史》不仅回溯了中国翻译史脉络,同时梳理了相关译论的演进历程,可以说,这一部翻译史著作标志着中国译学理论话语构建工作的重要突破。21世纪初,中国译学话语构建及其研究进入空前的繁荣期。就其中涉及的研究维度而言,可大致分为中国翻译史及译论史相关研究、中国传统译论相关研究、中西译论比较研究以及当代新型译论构建研究这几个方面。下文将分而述之。

1. 中国翻译史及译论史相关研究

李亚舒、黎难秋(2000)的《中国科学翻译史》以我国科学发展史为经,系统梳理了中国本土科学翻译活动相关的史实及其影响。王宏印(2003)则"从外部把中国传统译论划分成古代、近现代、当代三个时期,从内部将译学发展过程划分为肇始、古典、玄思、直觉四个阶段",并以此为基础从传统译论文本中梳理出10个译论命题,逐一给予理论诠释。王秉钦(2004)根据中国近代、现代、当代三个时期的历史分期原则,系统论述了20世纪中国翻译思想发展史,总结出其中的十大学说,分析了几十位翻译家的理论和实践,同时提出融合中西翻译思想的多元互补论。方华文(2005)基于翻译名家的译学言论,尝试勾勒出我国译论建设总路线;王铁钧在《中国佛典翻译史稿》(2009)中系统介绍了汉魏至明清的佛典翻译情况。郑意长(2010)从翻译功能观、文本选择、翻译方法、叙事模式、译本文体五个方面描写了中国近代翻译思想的演进。此外,还有以翻译家为线索的翻译史研究,如《中国近代翻译家研究》(杨丽华 2011),《中国翻译家研究》(方梦之、庄智象 2017)等。

2. 中国传统译论相关研究

译论的普适价值是从地方性翻译实践中抽象阐发而来的,这是翻译研究普遍遵循的深层实践理性。相比于西方译论,中国传统译论在问题意识、论证逻辑与言说方式等方面无疑具有差异性,或者说,具有地方性特色,但有一点却是相通的,即本质上都是对特定时空内翻译实践相关问题的思考成果。在中国当代译学话语构建研究中,中国传统译论往往也作为一类重要的思想资源,成为研究的对象。

在中国传统译论相关研究中,传统译论范畴与概念往往是核心探讨对象。例如,王宏印、刘士聪(2002)提出通过论题转换、概念转换和形态转换实现对中国传统译论的现代诠释;杨自俭(2004b)认为,中国传统译论的现代转化应从传统哲学范畴和译学元范畴入手,借助中外比较以及阐释与考据相结合的方法来实现;张思洁(2006:4)则付诸实践,从翻译理论范畴,即"反映翻译活动最一般属性和本质关系的概念"出发,明确了中国传统翻译理论的范畴数量和范畴样态,并在此基础上尝试构建了彰显整体性、层次性、动态性和开放性的中国传统翻译理论范畴体系。

这一类的研究多以中国译论的话语特殊性为出发点,倡导深入挖掘传统译论的学理价值。其中一个重要观点是,中国传统译论的学理思维同中国传统哲学与美学密不可分。具体而言,"在我国的传统译论中,几乎所有的译论命题都有其哲学-美学渊源"(张柏然、张思洁 1997:25)。反过来讲,我们完全可以从一些中国传统哲学思想范畴出发,以之为思维工具梳理与阐释中国传统译论,而这也正是中国传统译学话语构建实践中的一个重要方法路径。例如,魏向清(2008)从"体用合一"的角度论证了中国传统译论的独特品格,并阐述了这一译论思维对于消解当下结构主义与解构主义范式对峙格局,进而推动构建世界译学新范式的价值;蔡新乐(2013a;2013b;2015)借助儒家思想中的"教""学""如"三大范畴,构建了一个完整的人本主义翻译观,并从"恕道"这一儒家伦理观念出发,提出翻译方法论相关的新论;孟凡君(2016)基于"四象"的这一传统易学文化视角,从译道、译理、译法、译术这几方面对中国本土译学思想进行了四位一体的整合型探究。宽泛地讲,中国传统译论即"从中国传统言路探讨翻译的研究"(吴志杰 2009:3)。也就是说,广义而言,中国传统译论研究不仅包括面向本土既有译论的研究,还涉及以中国传统思想言路来研究翻译现象、借助传统思想范畴进行翻译理论思考的原创研究。这类研究给我们带来的启示是,中国译学话语构建一方面需要审视自身本有的译学话语成就,另一方面还需要跳出传统译论自身构成的话语框架,转而深入其背后更为肥沃的本土哲学思想资源,发掘新知新见的可能性。

在中国传统译论研究中,如何呈现中国传统译学话语的体系性是学者们普遍关心的问题。如张佩瑶(2004:6)所言:"何谓翻译理论,中国译序、引言,甚至疏、折、片、上谕等文献都是挖掘中国翻译理论的资源。"系统整理这些文献素材则是构建传统译学话语体系的第一步。例如,朱志瑜、朱晓农(2006)按照理论篇和评论篇依次罗列历代经录和僧传,并附详细的注释和编者按,便是典型示范。有时,为追溯传统译论的哲学-美学源流,还需要将译论资源的挖掘视野拓展至浩瀚的中国古典文献,这一做法对于挖掘中国传统译学话语的"厚度"与"深度"大有裨益。比如,从先秦的《周易》《论语》《左传》,到南北朝的《文心雕龙》、唐代的《史通》、清代的《文概》,"信""达""雅"三字均有迹可循,可以说,这一组概念贯穿了中国文章学两千多年要义,其学术内涵无疑是十分丰富的,这一现象深刻地反映了中国传统译学概念的文章学传统(潘文国 2012)。

呈现中国传统译论体系性的另一做法,是因循学术思想史的叙事路径,以译者为中心构建译学话语。例如,严晓江(2008)从认识论和实践论两个层面考察了梁实秋翻译《莎士比亚全集》的情况,构建了梁实秋的中庸翻译观;于德英(2009)采用阐释学路径,以"隔"与

"不隔"这一对王国维提出的美学范畴为线索，阐发了钱钟书之化境论的当代意义；黄忠廉（2016）基于包含了严译版本《天演论》与英文原文，以及当代全译本《进化论与伦理学》的平行对比语料库，通过定量研究构建了以"达旨术"为策略，以"信达雅"为思想的"变译"理论体系；许钧等（2016）以翻译事件和翻译思想为基点，对傅雷翻译观的形成及理论价值进行整体性研究；等等。

3. 中西译论比较研究

张今在为吴新祥、李宏安的《等值翻译论》（1990）作序时，提出了这样一个观点，即"中国翻译理论界要想在自己的研究工作中取得重大成果，必须解决两个问题。第一，要找到中国传统译论和外国译论的结合点；第二，必须把我们的译论深深扎根在中国的土壤中"。这其中已经蕴藏着中西译论比较的思想。而吴新祥与李宏安提出的等值翻译理论体系正是以西方语言学派对等翻译理论为重要参照。我们不妨将其视为中西译论比较研究的早期探索。这之后，专门进行中西译论比较研究的文章著述日渐增多。例如，谭载喜撰文阐发了中西译论的相似性（1999）与相异性（2000a），并正式提出比较译学的构想；刘宓庆（2005）的《中西翻译思想比较研究》直指西方译论的局限性，并为中国译学本土创新指明方向；谢思田（2009）从理论接受的角度，系统梳理了"信、达、雅"这一经典译论的重构历程，发现"'信、达、雅'三字经所涵盖的理论命题具有一定普遍性，也正是中西学界通过各自不同渠道、从不同侧面（无论正面还是反面），不断进行探讨和发展的命题"（谢思田 2009:202）；曾文雄（2013）从翻译的本质、范式特征、方法论、译者主体、翻译过程等层面，分析了中西译学思想之哲学基础的共性与差异；高华丽（2013）根据历史分期，依次描述了中西翻译话语产生的社会历史文化背景以及相关翻译实践类型的特点，并指出中西译学话语的可通约性。这些中西比较研究将中国译学话语构建置于国际译学的视阈,跨语性是隐匿其中的一个基础维度。从这个意义上可以讲,翻译本身是中国译学话语构建中不可或缺的思维与实践路径。

4. 当代新型译论构建及其研究

对于中国译学生态而言,西方译论的译介,其意义不仅在于增加了译学知识,更新了相关理论认识,更重要的是,其对于中国本土译论的自主创新有着巨大的推动作用。这些由中国学者自主提出的新型译论构成了中国译学话语构建中的重要实践。例如,刘宓庆(1986)提出中国翻译理论应建基于重描写的"语义-功能"模式之上;谢天振(1995)立足于对中国当代翻译研究发展前景的思考,提出建立中国翻译研究文艺学派的必要性和可行性;吕俊、侯向群(2005)在对结构主义和解构主义译学范式之利弊进行批评性反思的基础上,构建了一个以实践哲学为哲学基础、以交往理性为理性基础、以共识性真理为真理观的建构主义翻译学话语体系;许渊冲(2005)针对中国文学翻译实践,提出文学翻译的优化论、三美论、三化论、三之论;贾正传(2008)以哲学研究中的辩证系统观为理论基础,尝试构建翻译辩证系统论,旨在对翻译总体、本体、环境和过程形成辩证系统认识;吴志杰(2009)立足于中国传统文化,试图通过激活中国传统文化的五个核心范畴"意""诚""心""神""适"分别对翻译问题进行理论阐释,形成翻译的本体观、伦理观、认识观、审美观和文化生态观,并尝试建构和合翻译学;胡庚申(2013)借助生态隐喻思维构建生态翻译学;刘满芸(2015)借助"共生"(symbiosis)这一生物学基本概念,基于共生理念的跨学科性质与理性哲学内涵,将之引入翻译学层面进行研究,将翻译中的诸多关系及其动态发展比喻为共生现象,尝试构建共生翻译学;等等。这些本土译学新论在很大程度上能够体现中国译学共同体独立产出原创译学话语的能力。随之而来的问题是,这些新论得以成立的内在逻辑如何？其有效性、局限性与影响力又如何？这方面的学术话语批评研究是明晰中国译学话语构建方向,提高其构建效率与效度所需的基础性理论研究。而在现阶段,客观而论,这方面的研究仍较为欠缺,这也切实反映了相关研究方法路径缺失的问题。

2.3　中国译学话语构建中的术语研究

一般来讲,一个学科的成熟发展以一套比较完善的术语体系为标志。对于中国译学而言,就目前来看,西方译介而来的术语得到了广泛的应用,并发展成为中国译学话语得以运转的基础。自 21 世纪始,译学术语及其译介相关的问题逐渐引起国内学界更为广泛的关注。其中,译学术语的汉译及其规范化和标准化应用等问题是相关研究关注的焦点。例如,王东风(2008)通过对 abusive fidelity 这一术语汉译译名的讨论,试图还原其原初学术语境,消除现有关于该术语的误解;王永秋（2001）对包括 simultaneous interpretation、consecutive interpretation 和 AIIC 在内的几个口译术语的翻译问题进行了分析,并建议统一译名;张旭(2004)基于《翻译研究辞典》的翻译实践,陈述了透明性、简洁性和一致性这几个译学术语汉译的原则及其应用情况;康宁(2006)认为,引入西方译学术语时,要避免用中国传统的翻译观去套译西方译学术语;赵巍(2007)基于对现有译学词典所含条目的考察,揭示了译学术语汉译不统一的问题;庞秀成(2011)指出西方术语的滥用是造成中国本土概念的扭曲甚至退化的主要原因之一;李田心(2013;2014)认为奈达翻译理论中的核心术语 equivalence 应译为"对当"而非"等值",并随后进一步分析了将 equivalence 误译为"等值"所引起的理论混乱现象,并由此指出规范译学术语的必要性;刘彬、陈佑芳(2013)认为国内语料库翻译学科术语的多样化和离散性已成为学术交流的瓶颈,亟待统一;廖世兰(2016)对术语 radical translation 现有的汉译译名进行了较为全面的梳理,并建议以"彻底翻译"作为规范译名;等等。

随着相关研究的不断深入,译学术语及其译介对于中国译学话语发展的影响也得到了一定的关注。例如,杨自俭(2004a)提出以译学术语梳理作为中国当代译学学科化发展中的重要工作,如对译学术语进行分类、构建术语系统、进行中外术语比较研究、改造并创建新的译学术语等。在这一方面,辜正坤(2006)、方梦之(2011a)等提出了相似的观点,辜正坤(2006:31)认为:"为了有助于创建或矫正目前所谓的翻译学,首要的任务就是全力厘定现行的翻译术语,尽量精确地描述出那些暧昧词语的内涵和外延。"方梦之(2011b)在明确了译学术语同译论之间本体关联的基础之上,指出中国译学的发展需要进一步实现译学概念的明晰化、条理化和系统化。王一多(2013)从整体上描述了中国当代译学术语形成过程中西方译学术语的跨语传播与中国传统译学术语的嬗变情况。刘润泽等(2015)以译学术语 equivalence 的汉译为研究对象,分析了译学术语汉译与传播对中国译学话语体系发展的影响及其背后的机制。与此同时,几部译学词典的相继问世也反映了翻译学界对译学术语研究工作的重视,如《中国翻译词典》(林煌天 1997)、《译学大词典》(孙迎春 1999)、《中国译学大辞典》(方梦之 2011a)等。其中,在《中国译学大辞典》(2011a:iv)的前言中,方梦之明确指出:"译学术语是构建译学体系的要素,是反映译学进步和走向的一面镜子。近半个世纪以来,现代翻译理论研究从无到有,拔地而起,完全可以从术语的积累过程和术语的建设中看出端倪。"

值得注意的是,在有关中国译学术语和译学话语的相关探讨中,中国传统译学术语的特征与传承等问题也引起了学者们的关注。其中,不少学者指出了中国传统译学话语中术语特征不突出这一问题(例如,刘英凯 2002;王宏印 2003;薄振杰、孙迎春 2008;卜爱萍、宫金燕 2010;等等)。就这一问题,杨自俭从汉语的语文传统出发给予了解释:"首先,由于我们的汉语文字的固有特点,再加上古代哲学与文化传统的深刻影响,传统译论的范畴、概念、命题就显得格外地难以分析和判断。其次,它们的内涵和外延大都是流变的,相互之间存在着多层面的交叉与包容关系……。"(王宏印 2003:2)从中不难看出中国传统译学术语概念的复杂性与特殊性。如何确立中国传统译学范畴与术语,也成为中国译学术语相关研究中的关键问题。对此,王宏印(2003)尝试从现代翻译理论的高度对传统译学范畴进行现代化阐释;张思洁(2006)基于中国传统译论的哲学、美学等国学渊源,从本体论、认识论和过程论三个层面明晰了中国传统译学核心范畴及其体系;赵巍、薄振杰(2008)整理出了能够反映翻译策略、翻译价值、翻译过程和普适翻译理念的中国传统术语,如"五失本""三不易""五不翻""六例""案本""达旨""八备""证梵""润文"等。

我们知道,术语研究需要以充分的概念溯源与分析为基础。译学术语研究也不例外。在中国当代译学话语建构这一语境中,译学术语研究不失为挖掘术语资源,进而整理话语资源的一个途径。在这一方面,Cheung (2006)以丰厚翻译(thick translation)为原则,从历代文献中挑选涉及翻译问题的话语素材,将其翻译为英文,编成选集,并辅以注释、评语以及前言,可以说在中国传统译学术语阐释及其译介方面做出了突破性贡献。她指出,中国传统译学概念表达的特殊性也正是其选择"丰厚翻译"作为文集编译策略的重要原因。如何借助传统译学术语研究构建中国传统译学话语体系值得进一步探讨。

　　从上述译学术语研究中可以看出,译学术语同译学话语之间存在着千丝万缕的联系。译学术语研究其实可以作为梳理译学话语现状,发现译学话语实践中的问题进而针对性地进行译学话语优化构建的可行路径。从这个意义上讲,译学术语研究具有译学话语构建方法论的重要意义。实际上,在人文社科其他领域,相关研究也特别强调了范畴概念体系与术语在学术话语构建实践中的工具性作用与价值。例如,季羡林(1996:6)指出,"我们中国文论家必须改弦更张,先彻底摆脱西方文论的枷锁,回归自我,仔细检查、阐释我们几千年来使用的传统的术语,在这个基础上建构我们自己的话语体系……"。曹顺庆(1996)、李清良(1997)、杨匡汉等(2002)等也都先后提到范畴、概念和术语对于中国当代学术话语建构的基础性意义。张法(2012a;2012b)则付诸实践,对艺术学和哲学学科话语中的术语系统分别做了具体分析。相关论述不一而足,不可尽举。这些前期研究给我们带来了重要启示,即中国当代学术话语构建的方法论创新可以从术语学那里寻找相应理据。

第三章

中国学术话语构建的术语学理据

如首章所述,在中国现当代学术发展史上,学术话语构建的传统由来已久。宽泛地讲,学术话语是相关领域知识体系的系统表达,而知识的表达离不开术语的使用。可以说,学术话语的生成、传播与发展都离不开术语及其系统,学科术语的系统研究也能够为学术话语批评与优化实践提供独特而有效的路径,为学术话语创新构建提供努力的方向。术语的话语功能在人文社科领域体现得尤为明显。德国哲学家威廉·狄尔泰曾将人文社会科学称为"精神科学"。他认为,"精神科学的研究对象是人和人所创造的世界,而人是一种有目的、情感、价值和意义等的极为复杂的存在物",并且"人是精神科学分析的起点和终点"(涂纪亮 2007:47-48)。显然,人文社会科学研究具有鲜明的知识人文性和知识地方性。相应地,人文社会科学术语往往也具有更为强大的语义张力与更为丰富的阐释空间,进而也具有更显著的话语塑造力。

　　许国璋(1986:15)曾指出:"语言是人类特有的一种符号系统,当它作用于人与人的关系的时候,它是表达相互反应的中介;当它用于人和客观世界的关系的时候,它是认知事物的工具;当它作用于文化的时候,它是文化信息的载体和容器。"术语作为学术话语构建的基础单位,同样具备这种由中介属性、认知属性和文化属性融生的特质。进一步讲,术语是语言单位、知识单位与话语单位的结合体。术语在为学术话语实践提供表达工具的同时,还参与到知识生产与文化身份构建当中。那么，学术话语构建的术语学理据究竟如何？术语实践与学术话语实践之间的关联又是如何在中国语境中体现出来的？这些基础理论问题有待深入探讨。

3.1 术语·知识·话语

通常而言，话语即"运用中的语言"（辞海编辑委员会 1999：1125），泛指"语言运用的各种实例，即语言交际过程中所说的话"（王宗炎 1988：107）。即是说，谈及话语，可以从两方面予以认识，一是话语的本体，即语言本身，二是话语的应用。前者涉及话语的语言构成，而后者关系到话语的社会属性，内含着主体身份与价值意蕴等权力源质，这一点在福柯的话语权力理论中已有充分阐释。学术话语其实也不例外。只不过，学术话语的语言构成与权力效应是以深层次的知识生产为基础的。知识性是学术话语的根本属性，也是学术话语区别于普通话语陈述的核心特征。

"因有思想，便有理智，因而构成学术"（张君劢 2006：93），"学术"作为无形思想之载体往往被视为"较为专门、有系统的学问"（辞海编辑委员会 1999：3193），也就是知识体系。而知识自然需要外在的语言表征，同时"具有隐性权力性质"（魏向清、杨平 2019：92）。学术话语的生成也正是相关领域知识累积与体系化的过程，这是学术话语的存在实质。要言之，认识学术话语，需要从其语言构成性、知识生成性与话语身份性三方面着手，而无论在哪一方面，话语都同术语有着紧密的联系，下文将分而述之。

从符号学的视角来看，"语言是一个符号系统"（索绪尔 2009：26），这个意义上，也完全可以将学术话语视为一个语言符号系统，即"符号的组合，体现各符号之间的关系"（蒋原伦 1998：5）。从发生学意义上讲,语言符号作为人类特有的创造物,其产生很大程度上是受需求驱动的。人们有记录、表达与交流的需求,这是语言符号作为工具得以产生的一个客观因素之一。以此观之,术语与话语之间的构成性关联就显而易见了。学术话语作为一个"陈述整体"(福柯2007:118),由微观语言单位符号组合或聚合而来,这其中,术语作为最基础的学术语言符号,可谓充当着核心语符工具的角色。

谈及术语,我们通常会按照词典释义中去语境化方式来理解,认为术语只是位于语言结构底层的构成单元,而常常忽略术语的系统性特征。实际上,在相关专业领域,术语往往以系统的方式存在,牵涉两个层面的系统,即概念系统和语符系统。其中,概念系统是"通过概念与概念之间的关系联系起来的概念集合"(冯志伟 2011:114);而语符系统,归根结底,是概念系统符号化的表征结果,即"同一系列概念的术语"(同上,40)在命名上体现出的"逻辑相关性(同上)"。不妨说,概念系统是根本,而语符系统是表征。对于术语系统而言,不同术语之间的概念性依赖关系十分显著。根据冯志伟(2011),这种概念依赖关系总体上可分为"层级关系"和"联想关系"这两种。这其中,"联想关系"可以理解为建基于不同知识亲疏程度的概念互文性。这种概念互文性并不像"层级关系"那样有直观的结构关联,而是需要借助主体的认知判断去做辨别。特别是在中国传统人文领域,在很多情况下,这种"联想关系"的建立要基于个人主观知识的调动,借助体悟直觉来显现。正如张法(2008:134)在阐发中国传统学术话语的系统性时所说的:"只有不但从已呈概念之实中,还要从未显概念之虚中,才能体会中国学术的体系性。"

整体来看,学术话语可以视为"由表达方式和基本概念组成的动态系统"(彭发胜 2011:13)。在这一动态系统中,表征学科领域核心概念的术语及其系统是其基础与根本。特定知识领域中的智性成果均需借助术语这一语符工具表达、显现出来，从而被进一步感知、习得与传播。学术话语同术语之间的这种构成性关联就好比一个连续体，其中，"一端是某学科或理论，经过精密度的逐步分析后，到达由该核心术语组成的另一端"（胡壮麟 2016：iv）。如果借用季羡林（2015：120）的说法，学术话语就是"主要指术语一类的东西"。剖析术语系统的构成类型其实也是整体检视学术话语的一种方式。

　　术语之所以可以作为学术话语中的核心语符单位，同其知识属性是分不开的。通常而言，以概念为本位是术语区别于一般语言单位的本质特征。而概念"是人类思维的单元"（冯志伟 2011：97），是"心智的构造和抽象"（同上），因此"又是知识的基本单位"（同上，104）。这便涉及术语与学术话语的第二层关联，即知识生成性关联。

　　静态地来看，术语是学术思想单位，发挥着"记忆基质"的重要功能。所谓"记忆基质"，即"一切有机事变的易变性中的保存原则"（卡西尔 2013：85）。具体而言，"作用于有机体的每一刺激都在有机体上留下了一个'印迹'"，"并且有机体一切未来的反应都依赖于这些印迹的系列"（同上）。如果将某一特定学科领域的学术话语视为一个"有机体"，学科术语系统则记录着学科知识延绵传承的"印迹"，学科话语作为学科知识生发累积的表征产物，其发展壮大一定程度上是与学科术语这一"印迹"系列的系统演化同步进行的。因此，借助核心术语概念及其网络，往往能够透视相关学术思想的精髓。

　　而动态地来看，就单个术语而言，只有在应用中才能发挥知识表达与话语实践的作用。理论话语的表征需要借助术语的使用与传播来实现，与此同时，"理论主张的深度、广度、立场和分寸又要受到概念群之言域视角的牵引和影响"（吴兴明 2001：137）。也就是说，术语概念的主体认知如果存在差异，后续引发的学术话语组织与表达自然也会不同。而且,对于术语概念的思考与阐发往往会引发新的学术话语实践,推动学术发展,尤其是那些作为知识创新成果的新术语。就整个术语系统而言,不同知识话语形态的形成都有赖于术语系统的底层构建。学术研究范式的演变与革新势必也会在术语系统中留下"印迹"。反过来,考辨学科术语系统的源流,有助于从整体上描摹各学科知识话语体系的整体脉络,从而"知其变迁、发展之由"。

由以上论证可知,术语作为学术话语中非常重要的形式与内容双重中介物,是学术话语构建研究中不容忽视的视角与线索。与此同时,需要注意的是,因受到相关概念客体属性的直接影响,人文社会科学领域中的术语还具有显著的社会文化属性,内嵌着一定的价值取向或身份性意义蕴含。不同于自然科学与技术研究,人文社会科学研究的对象往往不是客体事物,而是会涉及与"人"这一因素相关的诸多不确定性。具体而言,"人文/社会科学的研究对象是人和人为事物,人是有价值取向的,其活动是由意义指引的,人为事物(精神-文化对象),从墓葬到游行,都体现着价值和意义。……意义和价值对于社会科学的研究对象来说具有构成性"(陈嘉映 2015:65-72)。这种情况下,人文社会科学术语在形成过程中对于"意义和价值"有一种先天的依赖,相应地,它们在应用实践中既具有表征客观概念的知识价值,同时具有传递主体身份的文化价值,这也构成了术语和话语的第三层关联,即身份性关联。

在欧洲人文主义传统那里,"意义"作为"一种只有人类拥有的主观的东西",一种"需要人类通过某种'体验'和'同情'的方法才能够被领会的东西",是"将人类社会与自然世界区分出来,从而使得人文科学和自然科学成为两个相互独立的科学传统"的决定性因素(泮伟江 2016:41)。这里所说的"意义"究竟有什么特殊之处呢?在科学哲学史上，德国历史哲学家德罗伊森（Johann Droysen）提出的二分法方法论或许能够给我们带来一些启示。德罗伊森创造性地提出"解释"（Erclären）和"理解"（Verstehen）这一对并举的术语（转引自赖特 2016:5）。他认为，后者"具有一层心理含义，这是'解释'所不具有的"（同上）。哲学家齐美尔（Georg Simmel）更是将"理解""作为人文学科所特有的方法"（同上），用以指代"学者心中对于他研究对象即心智氛围、思想、感受和动机（motivation）的再造"（同上）。"理解同时以一种解释所不具有的方式与意向性（intentionality）相关联"（同上）。总之，"理解"是人文社科领域主体认知活动所倾向的一种方法路径。而人文社科术语其本身的"意义"需要借助这种"理解"活动来展开。这也就不难理解，在人文社科术语的跨语传播过程中，伴随着不同受众主体的介入，会产生诸多具有差异性的"理解"与"意义"。

由此看来，术语知识的传播与应用并非在真空中进行，术语的使用会不可避免地带有主体性印记，甚至能够反映某一群体的意识形态与身份特征。特别是当术语的使用积累形成一定规模的系统实践时，它所塑造的话语能够更为明显地折射出某一主体或群体的身份特征。具体到人文社会科学学术话语实践，相同术语系统的使用意味着对基本或核心概念的认同与承袭，在此基础上产生的学术话语应具有相似的价值取向与文化意义。而不同的术语系统则代表了不同的概念系统和知识体系，所彰显的价值取向与文化意义也会有差异。例如，中西学术作为两套异质性的知识生产体系，在话语场域中不可避免地存在竞争关系。学科术语的全盘西化现象意味着西方学术文化身份在中国本土学术生态中具有绝对主导力，这同时说明了中国传统学术文化身份的缺场或缺失；归根结底，这关系到术语的使用问题。在学术话语实践中，术语使用的活跃度和影响力如何是考察术语传播与应用情况的重要向度,也是检视知识创新水平、透视话语身份与话语权博弈的有效路径。

综上,我们可以看到,学术话语与术语之间存在结构性与功能性的先天关联。术语系统的完善与否事关一个学科话语体系的发展样态与学术影响。反之,对学科术语的系统构成、历史及应用展开批评本身也是对学术话语的多向度分析。具体到中国人文社科领域中的各学科学术话语,其基础塑型、时空演化与衍异生发都不离不开各学科核心术语及其系统的表征与使用。

3.2 术语系统表征与学术话语基础塑型

术语不仅可以作为去语境化的知识标签,更是学术话语实践所依赖的基本话语单位,在实际应用情境中彰显出工具性、知识性与身份性相关的多重价值。毋宁说,是术语实践的不断积累,最终使得具有一定知识表达功用与社会身份价值的学术话语得以成型。反观中国现代化进程中的学术话语发展史,各学科学术话语的生成均离不开术语系统的表征。由于中国学术现代化发展的历史特殊性,各学科术语系统呈现出明显的类型分化特征。下面我们以哲学学科为例,基于南京大学人文社科动态术语库 NUTerm,扼要分析汉语哲学术语系统。

从中国语境下哲学的学科史背景来看,中国哲学话语的历史性是在中西智识线的交织中形成的。也正是在这一历史演进过程中,汉语哲学术语的系统特征逐步显现出来。从静态的观点来看,单个的术语既是知识单位,又是学术话语应用标记,相应的术语系统则构成了话语体系的底层知识网络与基础语言架构。如果将中国哲学话语体系看作一个有机生命体,汉语哲学术语系统则相当于由穴位串联起来的经络，是学术话语体系生命表征的核心机理。而从动态的观点来看，"哲学的概念范畴都有一个提出、演变、分化、会综的历史过程"（张岱年 2007：450）。具体到汉语哲学术语系统，这种变化不仅体现在单个术语的概念演化上，还表现为整个术语系统的动态演进。汉语哲学术语系统的发展离不开本土传统思想范畴的历时演绎以及西方哲学的汉译实践。与此同时，随着中西哲学对话意识日益加强，中国当代哲学话语体系的"自塑"已经难以忽略汉语哲学术语系外译的现实需求与潜在影响。综合以上两个方面，对汉语哲学术语系统展开研究，对于了解中国哲学学科话语的基础现状，并以此反思本土话语构建与对外传播，乃至中国哲学学科价值等相关问题，都有一定的意义。

从术语学的观点来看，术语的系统特征其实就是系统内部不同概念类型的群落表征。就汉语哲学术语系统而言，来自中西学术文化体系的哲学概念因其知识来源和知识属性的类型差异，在术语形式上自然会有相应的群落表征，也会因此形成不同的术语子系统。实际上，从 NUTerm 现阶段收录的 2506 条汉英哲学术语记录中，已不难发现这种术语子系统的分布特征。其中，据初步统计，借助术语翻译从西方哲学体系中移植而来的汉译西方哲学术语约 1683 条，占现有术语总量的 67.16%（见表 3.1）。其余 823 条则主要是在中国学术传统影响之下形成的本土特有表达，我们称之为"中国本土哲学术语"。从这两大术语系统的体量来看，汉译西方哲学术语的比重明显占据优势。一定程度上，这也体现了西方哲学对于中国当代哲学话语生态的显著影响。而事实上也的确如此，"一个世纪来，用来解释中国哲学的大多数范畴，如本体、现象、主体、客体，共相、殊相、唯物主义、唯心主义，辩证法、形而上学，感性、理性，原因、结果，先验、经验，自由、必然等等，基本上都来自西方近代哲学"（陈少明

2015：82）。

表 3.1　汉语哲学学术语系统的类型构成

汉语哲学术语子系统		术语数量	术语例证
汉译西方哲学术语		1683	悖论、超验、二元、理性、解释学、决定论、逻各斯、本质直观、必然真理、变异逻辑、达尔文主义、二律背反、实践理性、实证主义、不同确定性论证、方法论的整体主义、行为者中心道德论、统觉的先验统一
中国本土哲学术语	中国本土传统哲学术语	781	德、空、仁、术、象、性、观心、和合、生生、四谛、体用、王道、无功、形神、有无、正名、尊德性、白马非马、连环可解、内圣外王、虚一而静
	中国本土新创哲学术语	42	式-能、新外王、德性自证、理性直觉、良知坎陷、体用不二、翕辟成变、心灵九境、转识成智、道德的形上学、无执的存有论

整体而言,相比于汉译而来的哲学术语子系统,中国本土哲学术语子系统的构成类型更为复杂。"中国哲学以'生命'为中心。儒释道三教是讲中国哲学所必须首先注意与了解的。二千多年来的发展,中国文化生命的最高层心灵,都是集中在这里表现。"(牟宗三1997：6)不难想象,由多元思想源流汇集会产生多么丰富的术语概

念，而这些也正是中国传统哲学话语的根基。关于中国本土传统术语的类型构成，张岱年（2007：450）在《中国古典哲学概念范畴要论》中曾提出这样的划分方式，"中国古典哲学的概念范畴可以分为三大类：一是自然哲学的概念范畴，二是人生哲学的概念范畴，三是知识哲学的概念范畴……这三大类亦有交参互函的密切联系"。

除了孕育于儒释道思想体系的传统哲学术语系统，清末民初以来以会通中西哲学为目的的学术创新也对汉语哲学话语状貌产生了一定影响，并促进形成了新的术语类型，也就是所谓的"中国本土新创术语"。NUTerm 哲学术语子库中目前收录了 42 条这一类型的新创术语。它们多源于中国传统"儒释道"三统，同时又往往带有西方哲学思想的影响印迹，俨然已是自成体系的术语群落。

马克斯·舍勒（1999：71）在《知识社会学问题》中曾表达过这样的观点："每一种知识类型都发展了它自己特有的、被人们用来系统表达它的语言和风格，与各种学科——尤其是发展纯粹的人造术语的数学和自然科学——相比，依赖其语言和风格的宗教和哲学，必然在更大程度上依附于自然的民族语言。"显然，在舍勒眼里，在学科话语谱系中，宗教与哲学这些知识领域所发展出来的学术话语有显著的地方性特质，其术语系统也深植于本民族的语文生态，而不像自然科学中"纯粹的人造术语"那样，可以无视地方差异而完全标准化。

从这一认识出发，换个角度来说，产生于不同文化渊源的人文话语，在其术语表征上也会有相应的地方性类型差异。例如，季羡林（2015：120）在讨论中国文论话语时便曾指出，中国文论中"使用的术语……比较笼统、模糊、渺茫、玄虚，总之一句话是不'科学'。……西方文论的术语是确切的、清晰的，是'科学的'"。这种术语层面的异质性同其各自文化母体的地方性特质不无关系。哲学知识话语领域同样如此。对于中国哲学的学科发展来说,中西思想文化在此过程之中均对汉语哲学术语系统质态产生了重要影响,中国哲学话语体系的内部差异性不言自明。这一点,在以上所列术语例证中已有初步体现。

总体来看,同汉译的西方哲学术语相比,中国本土传统哲学术语呈现出较为显著的异质性特征。梁漱溟(2010:38)在谈及玄学精神时曾指出:"要晓得他所说话里的名辞(term)、思想中的观念、概念,本来同西方是全然两个样子的。"具体而言,"他所用的名词只是抽象的、虚的意味……我们要认识这种抽象的意味或倾向,完全要用直觉去体会玩味,才能得到所谓'阴'、'阳'、'乾'、'坤'。"(梁漱溟2010:121)同这种"直觉""体会"与"玩味"密切相关的,是中国本土传统哲学术语系统中的字本位现象,即每个字均有其概念义,在具体的知识语境中,又会生发出不同的语义所指。这或许就是中国本土传统哲学术语往往言简而意丰的原因之一。有些汉语单字可作为独立术语使用,如"道""无"。这些单字术语往往也是知识体系中的基本概念,语义活跃度相对来说也较高,会经常同其他的单字搭联,生发形成一个概念完整且不可分割的新概念,如"王道""无功"。我们将这类新术语连同上述单字术语统称为"单词型汉语哲学术语"。

据统计(见表3.2),在 NUTerm 目前收录的中国本土传统哲学术语中,单词型术语有 300 个,占该术语子系统的 38.41%。当然,不同的汉语单字之间也会直接合并,通过线性概念关联拼接形成词组型术语。同多字的单词型术语不同,这些词组型术语的语符义和概念义在整体结构上往往较为一致,据统计,长度值为 2 和 3 的常规词组型术语共有 437 个,所占比例为 55.95%。

表 3.2　汉语哲学术语系统中不同长度类型术语比例

	单词型术语	词组型术语	比例差值
中国本土传统哲学术语	38.41%	55.95%	17.54%
汉译西方哲学术语	21.33%	73.80%	51.47%

相比之下，当下传播应用中的汉译西方哲学术语系统则具有更为鲜明的形式分布特征。据统计（见表 3.2），在 NUTerm 收录的汉译西方哲学术语中，单词型术语所占比例为 21.33%，词组型术语则更为常见，累计 1232 条记录，所占比例为 73.80%，二者的比例差值也高达 51.47%，同中国本土传统哲学术语系统的形式分布特征形成了鲜明的对比。

除了知识类型的根本差异之外，汉译西方哲学术语以词组型术语居多的现象同新文化运动语言文字改革以来逐步形成的现代汉语语文生态有紧密关系。在现代语文生态中，中国传统学术话语中的"字本位"语言特征面临着巨大冲击。而大多源于西方的汉语哲学术语正是现代汉语体制下的译介产物。从 NUTerm 汉译哲学术语系统中现有的 359 条单词型术语记录来看，其中只有 12 条单字术语记录，具体为："丑""恶""美""善""熵""是""属""物""心""一""域""种"。其余的单词型术语中，有不少已经成为中国哲学话语中使用频率颇高的基本词汇，其中有如表 3.1 中所示的"悖论""二元""理性"等。

分析术语形式特征是从整体上把握汉语哲学术语的系统性，从而对汉语哲学话语体系形成初步认识的重要窗口。此外，在具有不同形式特征的术语之间，会形成一定的概念关系网络，这是体现术语系统性的另一重要方面。这方面，中西哲学术语系统背后差异化的知识组织形态值得深究。关于二者的差异，牟复礼（2009：3）曾在

《中国思想之渊源》的序言中专门提过："李约瑟把中国古代思想比作他所说的怀特海式的对网状关系的偏好,或对过程的偏好,而深受牛顿影响的西方思想则偏好'个别'和因果链式的解释。"实际上,这一思想差异在术语系统上也留下了相应的印记。对此,我们可以分别基于上述汉语哲学术语子系统,以相关概念为节点,借助上下位术语、同义术语、反义术语、参见术语等概念关联,分别绘制知识图谱,从中比较分析中国本土哲学和汉译西方哲学的知识组织体系,由此深化对中国哲学话语体系的具体认识。

3.3　术语系统源流与学术话语时空演化

作为符号系统的学术话语体系首先是一个空间概念。何谓空间?"空间指的是每一种相互交织的存在形式的静止的必然性。"(怀特海 2004:140)而谈及空间,时间作为"过程的转化"(同上),是不可回避的"联想"概念——"时间的标志要展现在空间里,而空间则要通过时间来理解和衡量"(巴赫金 1998:275)。换言之,时间与空间具有同一性,是不可分割的整体。这个意义上,学术话语空间,严格地讲,应是一个时空体。动态变化是学术话语时空的常态。这种时空动态看似非连续性的——"一种新的话语是在以往的话语的排斥、拒绝或修正、更新中产生的"(蒋原伦 1998:6),而实际上又内含连续性脉络——"新话语的生成,毕竟依赖于以往所有的话语所提供的养分"(同上)。这里所说的"修正""更新"往往需要借助相关术语系统的概念演变与语符革新来实现,而具有话语基因特质的话语"养分"也往往以一些基础性概念的形式出现。

术语作为一种以概念为本位的语言符号是不断"生长而来"的。每个术语和术语系统的背后都有它的历史。历史性不仅意味着过去，还昭示着时间的延续以及意义新生的可能性。中国学术话语体系的时空演化是在中西学术话语的共现视阈中进行的。在具体的学科领域，这一演化过程同时伴随着汉语学科术语系统的延续、革新与发展。

学科之名得以确立，需以底层的知识体系作为支撑。在一个学科领域，学术话语的产生其实就是相关知识历时累积的过程。而作为学科知识延绵传承的根本要件，学科术语系统也会伴随着这一过程不断丰富与完善。在我国人文社科领域，"西学东渐"是一段不可回避的历史。在这段历史中，中国本土学术传统与外来输入的学科知识形成博弈之势。中西学术概念的接触与汉译新术语的本土流通使得各学科话语呈现出不同程度的中西杂糅特质。这一点，在我国传统显学之一——史学的学科发展中体现得尤为明显。

众所周知，在我国人文传统中，史学根基极为深厚，尤其在史料编纂方面。梁启超于《新史学》开篇即指出："于今日泰西通行诸学科中，为中国所固有者，惟史学。"得益于源远流长的史料编纂实践，我国传统史学术语资源自然也十分丰富。在 20 世纪初中国学术现代化转型的关键阶段，这一自足的史学生态却遭遇了"史界革命"的挑战。西方历史哲学思潮的引介与史学流派的输入给中国传统史学知识结构带来了强烈冲击，同时也给汉语史学术语系统带来了一场前所未有的"革命"。汉语史学术语系统的源流之分逐渐显露。下文拟从历史发展的角度，探究中国史学学科发展与史学术语系统之间的有机联动，梳理汉语史学术语系统的源流之变。

首先，我们需要追溯以下中国史学传统中的术语之源。顾名思义，史学即以历史为研究对象的学问。历史作为研究对象，实则包含两方面内容：一为史实，二为认识、呈现与解释历史的方式，亦即历史观。在我国历史上，记录史实、编纂史料的实践发端久远。根据瞿林东(1999:121),"中国最早的历史记载,当以殷商时期的甲骨文记载和西周时期的金文记载为标志"。其后,不同门类的史料编纂模式相继发展成熟,形成了我国特有的史料编纂谱系,其中包括正史、编年、杂史、传记等。关于这一方面,梁启超在《新史学》中做了详述,并总结出十种二十二类中国传统史学派别。这一套谱系范畴本身正是中国传统术语系统的重要组成部分。这其中,"关于考异、考证、商榷、札记、史论、史评、史注、史表等研究方法及相关术语,恐怕在当代史学的话语体系中还会占有一席之地,并被赋予新的含义、新的生命力"(瞿林东 2011:24)。在这些不同类型的史料文献中,当然还包含着诸多反映本土历史事件与社会形态的概念表达,如"少康中兴""用夏变夷""王田私属""禅让""宗法制"等,这些同样都是中国传统史学术语资源。

需要说明的是,史料编纂与历史观实则相辅相成。一方面,史料选择与史实构建往往是在既定的认识框架内发生的,因此,史料编纂其实也是践行编纂者个人历史观的过程。另一方面,史料编纂实践在更新人们对史实之认识的同时,时常会促进形成新的历史观,并激发产生新的史学思维。关于这一点,我们同样可以从历史中找到答案——我国早期史学理论创新很多情况下都是在史料编纂实践的基础上发生的。例如,汉代司马迁在创作《史记》的过程中,继承的是历史循环论,并基于纪传体通史的编纂路径,开创了"通变"这一史学思想;唐代刘知几编纂《史通》,"条理唐以前之业绩"(许冠三 2003:自序 1),立"史才三长"之论;清代章学诚通过《文史通义》阐发史意,其中的"史德"之说,"是中外史学史上的绝唱,精辟深奥"(杜维运 2010:164)。由此可见,这些著作不单单是汇集史实的史料文献,更是具有理论价值的史学文献,其中蕴藏着本土史学思想生发与绵延的线索。在这些史学文献中,"历代史家和学人关于历史方面、史学方面的范畴和概念的不断探讨，都推动着中国史学在历史理论和史学理论领域的发展"（瞿林东 2011:23）。这些在传统史料编纂实践中产生的理论术语，构成了中国传统史学术语系统中另一部分重要内容。

在中国人文传统中，撰史往往被赋予彰往察来、鉴古知今的功用价值，上至经世治国，下至伦理情操无不在历史总结与反思的视阈之内。对此，张光直（1995:1）曾总结道："传统的中国历史学有显明的道德价值取向。"对"道德价值"的强调，是中国本土史学的地方性特色，同时在一定程度上也制约着中国史学的知识生产实践，乃至影响到中国传统史学理论统摄维度的丰富性。其结果是，"深入的系统的形而上的理论思考的缺席仍是源远流长的中国史学传统的基本缺陷"（王学典 2005:18）。这一情况反映在术语系统中，便表现为史学理论术语的类型过于单一。19 世纪末至 20 世纪初，在中国社会与学术生态面临大变局的情形中，史学作为中国本土学术谱系的核心支脉，开始遭遇西方史学话语的冲击。在中西比较视阈下，所谓本土史学话语的先天"缺陷"被衬托得更加明显。自此，中国史学逐步开启了由自足发展转向以话语输入为主的"新史学"构建之路。汉语史学术语系统也随之发生流变。

上文谈及的中国传统史学，在年代划分上，通常以清代前期为限。（瞿林东 1999:738）之所以这样划分，大多是因为中国史学的发展之路在清代中后期发生了巨大变故，那便是梁启超提倡的"史界革命"。梁任公认为，中国传统史学著述固然丰富，然而"能铺叙而不能别裁"（转引自刘梦溪、夏晓虹 1996:543）、"能因袭而不能创作"（同上，544）。这里的"别裁"与"创作"，明显指向的是一种不同于中国传统史料编纂与反思模式的"新史学"知识生产方式。中国传统史学以撰史方法为主要研究对象，而新史学范式则侧重对历史现象背后"公理公例①"的揭示,其连带的理论空间自然也更为广阔。这一"史界革命",毋宁说是一场史学话语革命。在此期间,"国家、群、国民、社会等术语成为梁启超反思传统史学,创立新史学的概念工具"(赵梅春 2012:136)。这一史界革命提倡由史料本位转向理论本位,可以说是我国史学学科发展现代化转型的标志,也是我国移植西方史学知识及其相应术语系统的开端。自此以后,"中国史学家开始明确主张使用西方术语讲述自身历史"(杨念群 2016:189),大批源自西方的汉译史学术语进入中国史学语境当中。

从术语的功能来看,在译介而来的史学术语中,一方面包含世界史视阈下的史实陈述类术语。例如,1904 年至 1906 年期间先后分册出版的《最新中学中国历史教科书》(后改名为《中国古代史》),就引入了"渔猎社会""游牧社会""耕稼社会"等诸多西方概念(林甘泉 1996:7);这些大多是"西方(主要是西欧)用来描述、反映自身历史特点的概念和术语"(王学典 2004:170)。另一方面,这些汉译史学术语中,还有一系列源自西方历史哲学的理论阐释类术语。其中,较早传入中国的是一批基于唯物史观形成的马克思主义史学术语。20 世纪初,马克思主义唯物史学观在"五四"新文化运动的带动下迅速传播,成为新史学中的显学。直至翦伯赞先生的《历史哲学教程》(1938)出版,马克思主义史学相关的一系列术语的译名才得以定型化与规范化(王学典 1990:70)。除此之外,在 20 世纪 20 年代中期至 30 年代中期,一批颇有影响的西方史学理论名著也被陆续译为中文并出版,如何炳松译《新史学》(1924)、李思纯译《史学原论》(1926)、陈石孚译《经济史观》(1928)、向达译《史学史》(1930),等等。在这一

---

① 1902 年,梁启超在《新史学·史学之界说》中,提出了"历史者,叙述人群进化之现象而求得其公理公例者也"的观点。

学术翻译的浪潮中，源自西方的汉译史学理论术语的体量也有明显增加。

很大程度上，"史学状态是社会状态的一部分"（赵轶峰 2016：6）。如果说，20 世纪初中国社会大环境中的政治革命引发了中国的"史界革命"，那么，始于 20 世纪 70 年代末的改革开放政策，可以说又为中国史学在其开放性发展道路上带来了"二次革命"。这一时期，西方史论名著的汉译规模进一步扩大，西方史学术语的汉译实践随之成为常态。需要指出的是，"这一次虽然与 20 世纪初同样是引进西方的研究方法，不过这一次西方新史学较前更多地向运用多学科方法发展，因此给史学研究提供了更为广阔的空间"（商传 2002：149）。其中最典型的当属西方史学社会科学化思潮的本土传播与影响。所谓史学社会科学化，是指自 20 世纪 50 年代中期以后，西方史学"向社会学、人类学、经济学、人口学、心理学等借用方法、模式和概念，从描述性、叙事性方法走向分析式方法"（王学典 2004：172）。随着这一社会科学化研究范式移植至中国史学生态，汉语史学术语的概念类型也愈加丰富。

由以上关于中国史学学科史的概述可知，西方史学的译介对中国史学的发展产生了巨大影响。这种影响主要在于，借助西方史学引入的世界史视阈很大程度上拓展了中国史学的研究对象与方法。在研究对象方面，中国史学不再局限于本土历史现象，而是以史实类术语为中介，观照世界范围内的其他地缘历史。在研究方法方面，中国传统史学的知识结构与话语逻辑都遭到一定程度的解构，而西方史学理论术语网络转而成为中国史学研究中的重要话语工具。在西方史学知识与话语跨语传播的广泛影响之下，当代汉语术语系统的体量与内容都明显得到充实。表 3.3 和表 3.4 例举了部分核心汉语史学术语。从中可以看出，我国当代汉语史学术语群落中的概念类型十分丰富。其中有用于指称事件、时期、制度与名物等的具体概念的,如"夺门之变""古文运动""光荣革命"等;有总结历史现象或揭示其背后机制的抽象概念,如"阶级性""正统性原则""修正主义"等;有专门描述史料编纂与撰写特征的方法概念,如"典志体""断代史""纪年法"等;还有以史学话语本身为所指对象的纯理论概念,如"年鉴学派""实证史学""新史学"等。若按照功能划分,分别就史实类术语与理论类术语进一步观察,则会发现,当代汉语史学术语系统无论在陈述或是解释史实方面都呈现出中西杂糅的特征。

表 3.3　史实陈述类汉语史学术语举隅

汉语史学 术语类型		典型术语
史实 陈述类	中国史	封建土地所有制、科举制度、两税法、临时大总统、卤簿、牛李党争、农民战争、禅让、少康中兴、史官、摊丁入地、摊丁入亩、屯田制、王田私属、信史时代、训政、一条鞭法、用夏变夷、右史、制书、资本主义萌芽、宗法制、宗庙、奏折制度
	世界史	冰川时期、城邦国家、大殖民、第三纪、封建制度、附属国、公簿持有农、列国时代、迈锡尼文明、幕藩体制、人身租、同态复仇、文艺复兴、远古文明、殖民地、中世纪

如表 3.3 所示,其中陈述的史实既包括中国史这一传统研究对象,又包括译介自西方的世界史现象。总体来看,史实陈述类术语多反映的是真实存在或假设存在的客观事实,抽象程度往往比较

低。相对而言,理论类史学术语多源于对史实的解释与思考,其概念主观性和抽象性都更为显著。这类术语既有中西之别,又有传统、现代之分。

表 3.4   理论阐释类汉语史学术语举隅

汉语史学术语类型		典型术语
理论阐释类	传统术语	比事、别识心裁、才、大一统、典制体、断代史、方智、公羊学、会要体、惑经、即器求道、记注、纪事本末体、见盛观衰、经解、经世、理、良史、六经皆史、乾嘉考据学、三世说、善、识、史德、史识、史释、史义、势、事、书法不隐、天下、通变、通史、王道三纲、伪史、为尊者讳、文、五不可、心术、性命之理、一治一乱、义、圆神、证史、政书体、知人论世、尊王
	汉译术语	东方专制主义、过密化、口述史、历史理性、历史生态学、历史诗学、历史性、内卷化、年鉴学派、女性史、普世史、情节化模式、社会性别史、实证史学、史学碎片化、市民社会、天定命运论、文化史观、文化形态史观、五种社会形态模式、西方马克思主义、新社会史、新文化史、叙事性、亚细亚生产方式、意识形态蕴含模式、元史学、主体性
	新创术语	半殖民地半封建、"层累"说、超稳定系统、基础历史学、大历史、方志学、经史结合、历史认识论、默证适用限度、三次革命高潮论、史观派、史家主体意识、史无定法、史学客观性、史韵诗心、四个阶梯、西周封建说、现在性、新通史、学术史叙事、疑古派、应用历史学

如表 3.4 所示,无论在语符层面或是概念层面,中国传统史学术语同汉译西方史学术语都呈现出一定的差异性。在语符层面,单字型术语是中国传统史学理论术语中特有的一种类型。例如,孔子提出的史书三要素包括术语"事""文""义";刘知几提出的"史才三长"论包括术语"才""学""识",等等。这些单字型术语具有重要的基础性学理价值,在中国传统史学话语的历时发展中发挥着话语"基因"的重要作用。例如,章学诚提出的"史意"正承启于孔子所说的"义";"史德"也是对三才之"识"的进一步阐发。反观汉译西方史学术语群落,单字型术语实属罕见。

在概念层面,中国传统史学理论术语多同史料编纂实践中的方法、体例与原则相关。例如,"典制体""会要体""纪事本末体"等隶属史书体裁范畴;"书法不隐""为尊者讳""五不可"等是前人总结得出的编史原则。就连章学诚提出的"圆神"和"方智"这两大史学宗门,也都同"撰述"和"记注"这两类史书的特征相呼应。相比之下,西方汉译史学术语涉及的理论维度则更为多元。一方面,通过借鉴社会学科的研究视阈与方法,产生了"历史生态""社会性别史""实证史学"等一批跨学科史学术语;另一方面,史学话语本身也成为史学的研究对象,由此衍生出"历史性""叙事性""主体性"等一系列史学元术语。

值得注意的是,西方史学术语的翻译在促进传播西方史学知识的同时,还引发了知识再生产与理论话语的本土化延伸现象,这就为本土原创新术语的诞生创造了条件。在表 3.4 提供的例证中,由李培锋提出的"史学客观性"、李振宏强调的"史家主体意识"、张荫麟主张的"默证适用限度"等等,均是本土术语表达创新的典范。

由以上梳理可知,纵观中国史学的学科史,自 20 世纪初中国史学革命发轫以来,汉语史学术语系统变迁和发展的主要动力可以说主要来自西方史学的译介与传播。汉语史学术语系统由于中西知识的接触与竞争而产生了源流之别。代表中国史学之"源"的传统史学术语系统趋于蛰伏，而汉译西方史学术语则得到更为广泛的传播与应用，成为主流话语工具，并激发产生了部分本土新创史学术语。这一系列知识实践使得当代汉语史学术语系统总体呈现出中西杂糅的特征。

客观而论，西方史学术语的汉译极大地扩充了汉语历史学术语系统的容量，丰富了其知识内容，尤其在史学理论研究方面。与此同时还应注意到，这一持续至今、规模可观的术语翻译实践还在一定程度上带来了话语遮蔽效应，即对传统史学术语价值的遮蔽，这一点不容忽视。钱穆（2001：141）曾指出，中国学术的现代化转型一度经历了"乃谓中国传统为旧，当前之现代化为新，群相喜新而厌旧"的过程。事实证明，这一孵化于清末民初大变局之中的学术偏见并未随着时代的变迁而消弭。恰恰相反，"喜新厌旧"带来的"后遗症"持续影响着中国人文社会科学各领域话语体系的构成与形态，甚至在一定程度上制约着当代各学科术语系统生态的均衡发展。在史学领域，这具体表现为：在史实陈述方面，"近百年来我们用来描述中国历史的概念工具基本上是西方的"（王学典 2013：381）；在理论阐释方面，"我们历史科学使用的概念、范畴、模式、理论、规律，基本上都是出自西欧的，是近代西欧人根据自己的经验得出的，也可以说是西欧的规律"（马克垚 2008：11）。在新时期中国史学发展进程中，这一史学术语应用的西化倾向理应引起本土学人足够的重视。

侯外庐（1987：18）曾在《侯外庐史学论文选集》自序中讲道："我们中国学人应当学会使用自己的语言来讲解自己的历史与思潮，学会使用新的方法来掘发自己民族的优良文化传统。"这里提及的"自己的语言"与"新的方法",无不需要以我们自主提出的或阐释的术语来铺路。这就对当代史学研究中学者群体的术语意识提出了更高要求。这其中,对传统史学术语资源的挖掘与再阐释尤为关键。正如瞿林东(2009a:2)指出的,中国传统史学"包含了许多思想观念、范畴术语、方法论原则,可与当代史学理论相通、交融,成为当今史学理论话语体系建构极其重要的资源"。如何打破传统史学术语群落的蛰伏状态,使它们在当代史学生态中焕发出新的学术生机,是新时期中国史学学科发展与话语构建实践应予以关注的基本问题。实际上,这方面,学界前辈已做出不少示范。例如,陈垣在传统校勘理念基础之上提出以"对校法""本校法""他校法"和"理校法"为核心的现代校勘学理论体系(林甘泉 1996:9);又如,表 3.4 例举的由袁嘉谷提出的"经史结合"、梁启超的"方志学"、钱钟书的"史韵诗心"等术语也都能证明实现传统史学话语资源创造性转化的可能性与可行性。要言之,维护中国史学之"源"的活力与生机是保障中国史学话语之"流"绵绵不绝、时时出新的根本前提。

3.4　核心术语传播与学术话语衍异生发

　　学术话语在传播情境中得到解读与应用,从而彰显自身的价值。作为学术话语的基础构成要素,术语具有先天的传播需求。可以说,传播性是术语的基本属性,也是实现术语生存价值的根本。术语概念本身是有生命力的。在传播情境下,其中当然也包括跨语传播的情况,从原知识语境剥离出的术语很大程度上脱离了术语创造者的掌控,它会结合传播过程中的语境要素不断形成新的话语结构。下文将结合西方译学术语 equivalence 在西方知识语境与中国知识语境下的传播与使用情况,阐发核心术语传播的知识生产与话语生发功能。

众所周知,学界所熟知的"对等翻译"相关理论是语言学派所倡导的翻译科学研究思维中的产物。苏联语言学派代表人物费道罗夫是早期从语言学角度提出翻译对等观的翻译理论家之一。他(1955:9)认为,"翻译就是用一种语言把用另一种语言在内容与形式不可分割的统一中所业已表达了出来的东西准确而完全地表达出来"。他同时指出,"翻译就应该从原文的整体出发,而不应该从原文的各单独要素出发"(同上,155)。在他看来,原文和译文的对等关系是就原文与译文的整体而言的。这方面,巴尔胡达罗夫(1985)在《语言与翻译》中阐述了相似的观点。他指出,翻译活动可以在音位、词素等 6 个层次实现等值。而谈及影响力最为深远,乃至影响后续译学发展轨迹的对等译论,当属尤金·奈达构建的包括"形式对等""动态对等"与"功能对等"等译学术语在内的翻译对等理论体系。

实际上,早在 1947 年,奈达在 *Bible Translating: An Analysis of Principles and Procedures* 这本著作中便提到了"最接近的自然对等物"(the closest natural equivalent)这一概念。相比于早期等值译论,奈达构建的对等译论更具体系性,且有一个阶段性动态发展的过程。其中,"动态对等"的提出可以说是其理论走向成熟的一个重要标志。不同于传统语文学范式所强调的原文取向的"忠实"论,"动态对等"理论将受众作为翻译研究中一个重要考量因素,它具体指"译文接受者和译文信息的关系应该基本上同原文接受者和原文信息的关系一样。"(Our ideal in translation is to produce on the minds of our readers as nearly as possible the same effect as was produced by the original on its readers.)(Nida 1964:164)[①]在后续研究中,受众的"认知内容"(cognitive content)与"情感反应"(emotive response)也被纳入动态对等观中(Nida 1977:103)。至 20 世纪 80 年代,翻译对等理论得到了进一步发展,其话语体系中的核心术语被"功能对等"所取代。核心术语的嬗变是译学理念演进的显著话语表征。"功能对等"的提法其实指向了翻译实践当中不同程度对等的可能性与合法性。不妨说,这一概念宣告着翻译对等理论的基本理念同数学意义上等同概念(its mathematical meaning of identity)的决裂,转而深入近似意义上(in terms of proximity)的对等观的理论探讨(Nida 1993:117)。

在西方译学视域中,对等译论的传播同时伴随着一些批判的声音。例如,纽马克(Peter Newmark)认为,所谓动态对等太过关注读者的感受而忽略了原作者的主体权威性,其在不同类型文本翻译中的普适性值得商榷(转引自 Chang 1996:1);又如,斯内尔-霍恩比(Snell-Hornby)(1988:22)认为,equivalence 这一术语并不准确(imprecise and ill-defined),其指向的是一种语言对称的假象(an illusion of symmetry between languages),并不适合作为一个译学基本概念;等等。换个视角来看,这些异议也带来了不断拓展翻译对等研究视域的可能性。

自 20 世纪 60 年代起,随着奈达对等理论的广泛传播以及翻译研究学科地位的崛起,基于翻译对等类型特征的西方译论体系逐渐发展起来。"对等"不再仅仅是奈达个人译论的标签,而发展成为西方翻译研究领域语言学派的显著话语标记。其中的代表性译论纷

---

① 此处实为奈达转引亚历山大·苏特(Alexander Souter)在"Hints on Translation from Latin into English"(1920)中的观点。

纷将"对等"作为理论阐述的对象并随之提出新的术语表达。例如，卡特福德(Catford)(1965)提出了"篇章对等"(textual equivalence)的概念，在他看来，翻译就是"用一种等值的语言(译语)的文本材料去替换另一种语言(原语)的文本材料"(Translation may be defined as follows: the replacement of textual material in one language (SL) by equivalent textual material in another language)。(Catford 1965：20)。相较而言,沃尔夫兰·威尔斯(Wolfram Wilss)(1982/2001)的探讨则更为全面,他认为,翻译对等实践要充分考虑到语法、语义、文体和功能等要素。又如,维尔纳·科勒(Werner Koller)将对等定位为原文和译文之间的关系[Between the resultant text in L2 (the target-language text) and the source text in L1 (the source language text) there exists a relationship, which can be designated as a translational, or equivalence relation.](Koller 1995：196),并进一步构建了包含美学特征、语言外部环境、间接含义、受众以及译入语语言规范在内的翻译对等框架。此外,巴尔胡达罗夫(1985)、豪斯(House 1997)等从语用的视角来解释翻译对等问题。蒙娜·贝克(Mona Baker)(1992)则从语言的系统性视角整体阐发翻译对等,根据不同语言向度,分别提出了"语法对等"(grammatical equivalence)、"篇章对等"(textual equivalence)和"语用对等"(pragmatic equivalence)等术语。

由上文不难看出,"对等"这一概念的引入开启了翻译研究科学化发展的序幕,而围绕这一概念展开的学术争鸣很大程度上正是丰富西方译学理论话语、促进西方译学发展的重要源泉。纵向审视西方翻译对等理论研究的历时发展,我们发现,奈达的对等理论始终处于一个被解构与重构的过程。对等概念类型的分化也是equivalence这一术语的概念复杂性不断被揭示与再认识的过程。与此同时,equivalence作为西方语言学派翻译思想体系的核心话语工具,它在中国的广泛传播,也直接促进了西方译论在中国的本土化发展。

前文已提及,在中国当代译学话语实践中,西方译论的译介影响不可忽视,甚至可以说颠覆了中国译学的传统状貌。就知识层面而言,西方现代译论对于我国译学发展的建设性贡献是不容忽视的。尤其是以奈达为代表创立形成的语言学翻译研究范式,它标志着西方翻译科学的崛起,对于中国译学而言,更是具有现代化启蒙的重要意义。这种启蒙作用当然离不开相关核心术语在中国的传播与应用。

在改革开放之前的中国当代译学文献中,已有少量文献直接论及翻译对等的概念,但多为译介而来。这其中包括借鉴苏联的译学成果,如费道罗夫的"等值翻译"(郑伯华 1962),或借用英美学界的译学术语,如"对等说法"(王佐良 1963)、"等值译法"(刘丹青 1965)等等。相比之下,改革开放以来的 40 余年是中国当代译学研究的活跃期,这同时也是"翻译对等"问题探讨的活跃期。

奈达的翻译对等理论是最早系统译介至中国的西方当代译论。据知网(CNKI)文献检索结果显示,国内学界关于奈达及其对等翻译思想的介绍类文献始现于 1979 年,而系统引介其翻译思想的文献可溯至 1981 年。奈达对等理论在中国当代译学语境下的接受与传播对中国翻译研究产生了无可比拟的深刻影响。

中国本土语言现象与翻译经验是用以检验外来翻译对等理论的有效性并发现其局限性的绝佳材料。这也促使本土学者提出新的对等观,构建本土翻译对等话语体系。这一方面,金隄的《等效翻译探索》(1997)以及由吴新祥、李宏安合著的《等值翻译论》(1990),可以说是翻译对等理论本土化的标志性成果。具体而言,金隄(1997:xi)"以中国本身的翻译实际为基础……同时扬弃一切不利于提高翻译水平的看法,其中包括奈达理论中适合宗教翻译而不符合一般翻译实际的一些观点",从"灵活与准确的关系""准确与通顺的关系"出发,系统阐发了文学翻译中的等效原则,即以"接受者""效果"和"对等"为核心范畴的理论体系。不难看出,金隄(1997)并未完全套用奈达的翻译思想,而是将其对等观作为等效翻译理论中的一部分内容。吴新祥和李宏安(1990)则从语言学的角度,创造性地构建了等值翻译理论的语言学模式。他们按语言等级(其中包括词、句、篇章等)和语言层次(其中包括语符表层、语用修辞层、语义深层),从翻译批评的角度立体地研究原作与译作的等值关系,尝试"把西方实证理性的科学主义与我国传统的直观整体把握的人文主义结合为一体,融合东西方译论的精华,锻炼出一整套以等值概念为核心的定相观察、定量分析和定性分析的对译作的批评方法"(吴新祥、李宏安 1990:1)。他们的核心观点是,翻译对等体现为三个方面,即"(1)作为客体语言结构系统的原作本文与译作本文的对等;(2)作为主体言语心理系统的创作过程与翻译过程的对等;(3)作为社会语言交际系统的作品接受的对等"(同上,3)。

上述国内早期有关翻译对等的研究实际上只是国内学者深入反思翻译对等应用价值及其理论向度的开端。关于翻译对等概念有效性和局限性问题的思考不断涌现。例如,高健(1994:3)认为,等值等效说"更适合于整个翻译阶程中较低层次的翻译(其中一切似乎都已有其现成的译法),而不太适合于较高层次的翻译(其中一切几乎全无法定,而必须重新创造)"。Chang(1996)建议充分考量文本类型中不同的理论向度需求,以及译者的自由空间,以此来完善对等翻译思想。许渊冲则指出,对于中国的翻译实践而言,"对等译论只能解决 40% 左右的中西互译问题,50% 以上的问题都要用'创作论'或'艺术论'的思想才能解决"(王秉钦 2004:序 1)。认识到西方对等论的局限性,许渊冲先生还专门就文学翻译提出了几个论断,他认为"文学翻译应尽可能发挥译语优势,使用最好的译语表达方式,而不一定是对等的方式,来传达原文的意美、音美和形美;方法可用浅化、等化、深化;目的是使读者知之、好之、乐之"(许渊冲2005:9),这不妨看作关于文学翻译对等的本土化新论。此外,辜正坤(2006)对"等值"(equivalence)的用法进行了批判。他指出,"'等值'一词大家随心所欲,信手拈来,浑然不觉其自相矛盾之处"(同上,33)。他从玄翻译学的立场出发,指出人们缺乏对翻译对等思想的批判意识,从而来挑战这种"盲信"。

同其他人文社科术语一样,术语 equivalence 的翻译是一个穿越文化时空的跨语传播过程。借助 equivalence 的汉译与跨语传播,西方对等译论在中国语境下得到应用,同时也面临着批评反思,由此触发新话语的产生,这恰恰也是西方对等译论本土化发展的重要构成。

术语的传播是在话语语境中进行的,而学术研究文献是学术话语的重要载体。从图书情报学的角度,文献关键词及其共现信息能够折射出学术研究核心观点与话语实践脉络,因此也能够在很大程度上反映出术语传播的情况。鉴于此,我们可以借助现代文献计量学中的 Citespace① 可视化分析工具,基于中国知网(CNKI)文献数据库,通过知识图谱的方式追踪术语 equivalence 在中国译学语境下的共现关键词信息,以此客观呈现中国当代译学研究中 equivalence 这

---

① Citespace 知识图谱研究是当今文献计量学领域的前沿课题。该研究基于可视化技术,能够以定量科学的方式直观呈现专业学科的研究热点、研究趋势、知识源流的历时轨迹以及知识单元间的交互关系。Citespace 知识图谱有两个结构度量指标,即模块化系数(Modularity)和轮廓系数(Silhouette)。若前者的值在 0.4-0.8 之间且后者的值在 0.5-0.9之间,则生成的图谱效果良好。本研究中展示的两个知识图谱视图均达到上述指标。图 3.1 的 Modularity 值为 0.6006, Silhouette 值为 0.7682;图 3.2 的 Modularity 值为 0.6048, Silhouette 值为 0.8765。

一术语概念在跨语传播过程中的话语塑型效应。

在语符层面，equivalence 在跨语传播过程中产生了多个译名并存的情况。那么，若要从概念层面探察 equivalence 这一概念的跨语影响，就需要对这些译名变体的话语实践情况做较为全面的追踪。为此，我们以 equivalence 为关键词检索条目，借助 CNKI 文献数据库中的双语关键词信息及其统计，确定出 equivalence 的主要汉语译名，其中包括"对等""等值""等效""对应"。一般认为，1964 年 *Toward a Science of Translating* 一书的问世是奈达译论成熟化与体系化的重要标志。在本研究中，我们以该著作问世 50 周年为界，以上述 equivalence 的汉语译名以及"奈达"为主题检索词，搜集发表时间截至 2014 年的学术文献，文献类别包括学术期刊、会议论文和优秀硕博论文。经人工筛选去除非译学相关文献后，共获取文献 6526 篇。在此基础上，运用 Citespace 软件绘制文献关键词共现的聚类视图（Cluster）和时区视图（Time Zone）。前者能够共时性地呈现文献关键词之间的共现关系，从而利于观察跨语后 equivalence 这一概念在使用中形成的话语空间的构成特点。后者侧重展示译学话语脉络演化的历时动态，有助于发现 equivalence 概念相关学术话语演进的过程规律。在 Citespace 知识图谱中，圆形节点代表关键词，其直观大小说明了关键词的总频次。除频次之外，知识图谱的关键词分析还主要围绕另外两个参数展开，即文献关键词的相对关键度（亦即 Citespace 软件统计的"中介中心度"）及其突变值。关键度较高的节点往往代表话语实践中的核心术语表达，在相应的数据统计方面，其中介中心度大于或等于 0.1，在图谱中，对应圆形节点的外圈会有紫色(深色)突出显示。突变程度则是就文献关键词出现频率的变化程度而言的，如果某关键词的使用频率在某段时间内激增，图中对应的节点内部则会有深色圆环突出显示。

图 3.1 为简化后的期刊文献①关键词共现知识图谱的聚类视图。通过这一静态展示已不难看出，equivalence 这一概念在跨语传播中形成的话语空间已初具规模。

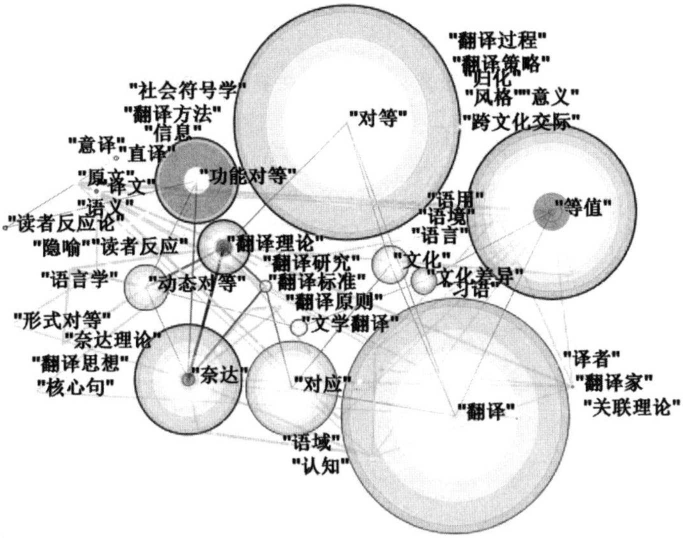

图 3.1　西方译学术语 equivalence 汉译后的应用语境（聚类示意图）

从上图可直观地看到，术语 equivalence 跨语传播中形成的话语空间以高频关键词"奈达""动态对等""功能对等""对等""等值""翻译""对应"等为基本节点。而且，这些高频关键词的关键度十分突出。其中，关键词"功能对等""等值""翻译理论"和"奈达"的突变特征十分明显。这在一定程度上能够说明奈达译论对中国译学话语实践产生了巨大影响，尤其是对于中国当代翻译理论建构有着特殊

---

① Citespace 聚类图谱的动态可视化展示对文本载体属性有较高要求。为了达到简洁视效，此处聚类图谱的文献范围缩小至期刊文献。该图已根据共被引系数阈值自动凸显了节点间重要连线。

意义，这一点，可从节点"奈达"与"翻译理论"之间突出的关联度①以及二者在对应的年代区域中呈现出的频率激增信息看出。此外，观察 Citespace 软件对关键词中介中心度及其频次的统计结果，还会有新的发现，见表 3.5：

表 3.5　来源文献关键词的关键度及其频次

关键词	关键度	频次
奈达	0.4	131
等值	0.3	201
对等	0.26	268
翻译理论	0.25	72
功能对等	0.23	104
动态对等	0.2	61
文化	0.16	47
翻译	0.15	270
文学翻译	0.13	23
对应	0.1	114
文化差异	0.1	34

上述所列关键词中，除了体现奈达译论核心思想的基本术语之外，还包含"文化""文学翻译"以及"文化差异"三个关键词。这表明，借助译名符号这一话语工具，术语 equivalence 经翻译后已经进入本土化应用过程当中，其跨语传播是与中国译学话语实践视域的拓展同步进行的。正如图 3.1 展示的那样，多元语言研究元素如"语用""语境""认知""文化""隐喻""习语""风格"等均出现在术语equivalence 跨语译介与传播后形成的话语空间当中，其中已经涉及翻译理论、翻译过程、翻译标准、翻译原则以及翻译方法和策略等多

---

① 连线的粗细与相关关键词的共现系数高低成正比。

个研究维度。显然,equivalence 这一概念已经从单一的以语言分析为主的知识语境中解放出来,经历着一个再语境化的知识再生产过程。对此,我们借助时区视图(图 3.2),能够从历时的角度更为全面地观察术语 equivalence 在跨语话语实践中形成的话语应用特征的发展轨迹。

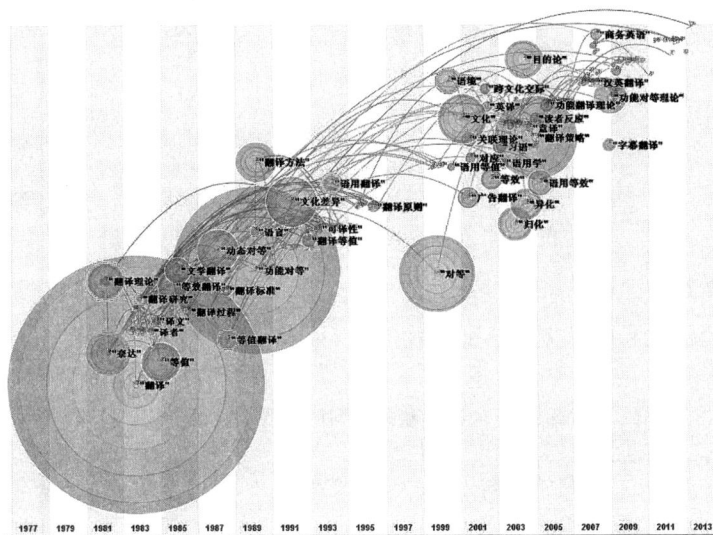

图 3.2　西方译学术语 equivalence 汉译后的应用语境(时区示意图)

图 3.2 是关于译学术语 equivalence 汉译后其应用语境历时发展的简化图,它不能全面体现该术语跨语应用语境的细节问题,但可以大致反映出其应用语境的发展趋向。如图所示,自 1991 年起,先后出现了"文化差异""语用翻译""语境""文化"等关键节点。这说明,自 20 世纪 90 年代起,超语言元素在相关翻译对等研究的话语实践中逐步凸显出来。进一步讲,随着中国译学话语构建实践的深入,特别是西方译论流派的更迭和译介,equivalence 这一译学模因逐

步进入新的研究视域,其概念应用的话语空间也日益丰富起来。这一传播过程特征与上文基于图 3.1 的观察结果是基本吻合的。

深入术语 equivalence 汉译后的话语实践空间就会发现,这种历时性的学术语境的演化在理论阐释维度以及翻译研究对象方面均有所体现。如图 3.2 所示,新兴理论术语节点的加入主要集中在 2000 年之后,其中包括"目的论""关联理论""异化/归化"思想和"功能翻译理论"等。相应地,统摄于中国本土翻译对等研究中的研究对象也并未囿于《圣经》①翻译,而是涉及文学翻译、广告翻译、字幕翻译等其他研究领域。因知识图谱简洁、直观的视效要求,现呈现出的可视节点并不能完整反映术语 equivalence 译介后在中国当代译学语境下产生的话语实践的细节,鉴于此,我们可以进一步结合来源数据中文献关键词的类型特征做补充描述。现将其中涉及的主要翻译流派和翻译类型分别陈列在表 3.6 和表 3.7 中(按频次降序排列):

表 3.6　来源文献关键词所指代的主要译论

序号	翻译理论	频次	序号	翻译理论	频次
1	关联理论	121	11	纽马克交际翻译观	9
2	生态翻译学	32	12	后殖民主义翻译理论	9
3	多元系统理论	31	13	翻译模因论	7
4	韦努蒂(Venuti)文化翻译观	30	14	文本类型理论	6
5	释意理论	30	15	语料库翻译研究	6
6	目的理论	27	16	认知翻译学	5
7	女性主义翻译理论	25	17	巴斯奈特(Bassnett)文化翻译观	4

---

①　一般认为,奈达翻译理论源于《圣经》翻译实践。据不完全统计,来源数据关键词中共 6 次提到《圣经》翻译。

序号	翻译理论	频次	序号	翻译理论	频次
8	翻译规范理论	23	18	卡特福德(Catford)翻译转换	3
9	翻译改写理论	16	19	解构主义理论	3
10	社会符号学翻译理论	15	20	巴西食人主义翻译理论	1

表 3.7　来源文献关键词所指代的主要翻译实践类型

序号	翻译类型	频次	序号	翻译类型	频次
1	文学翻译	461	8	术语翻译①	31
2	影视翻译	219	9	军事科技类翻译	29
3	广告翻译	161	10	外宣翻译	25
4	商务应用类翻译	121	11	机器翻译	11
5	法律翻译	80	12	词典翻译	11
6	新闻翻译	45	13	政治类翻译	8
7	旅游翻译	39	14	医学翻译	7

　　以上统计结果能够说明,equivalence 这一译学模因在跨语传递过程中,已然超越了最初奈达阐述的宗教文本翻译这一母体语境,在更多的翻译理论视阈与翻译实践领域中得到了有效传播和应用。与此同时,值得注意的是,伴随着这一术语概念应用语境空间的拓展,其知识传播功能最终将会触发理论生发功能,反哺于中国当代译学研究,形成知识再生产的良性循环。这是术语跨语传播过程性的深层次体现,具体表现为源语术语概念通过翻译进入译语知识体系后,会引起相关译语术语或复合术语的派生,即谱系化发展,从而形成相关话语空间中的新节点与新关联。且以"对等"这一汉语译名相关的派生术语表达为例。在本研究的文献关键词中,共发现 72

① 此处为泛指,包含各类词汇翻译。

种基于"对等"的词组型术语(除"动态/功能对等"之外)，共计 422
条。其中出现 5 次以上的派生术语见表 3.8：

表 3.8　来源文献关键词信息中翻译对等相关的派生术语

序号	出现年份	频次	关键词	序号	出现年份	频次	关键词
1	1986	38	语义(意)对等	11	2003	12	语域对等
2	1990	54	文化对等	12	2003	11	语篇对等
3	1992	8	语言对等	13	2003	8	效果对等
4	1994	13	文体对等	14	2003	7	言后对等
5	1995	17	意义对等	15	2003	7	意象对等
6	1995	7	修辞对等	16	2003	6	假象对等
7	1996	20	风格对等	17	2005	7	法律对等
8	2002	79	语用对等	18	2005	7	语境对等
9	2002	5	礼貌对等	19	2005	5	美学对等
10	2003	16	信息对等	20	2008	6	忠实对等

　　翻译对等研究中相关术语概念谱系的细化与丰富能够较为直
观地说明 equivalence 这一核心术语在跨语传播中产生了一定的话
语效应。这是该术语在跨语传播中再语境化应用的结果。实际上，
通过再语境化应用中的术语派生来扩充话语空间是跨语语境下学
术话语传承与创新的常态模式。例如,译学术语 violence 在其跨语
传播过程中派生出"暴力类型""暴力性质""文化暴力""政治暴力"
"柔性暴力""危害暴力"等二级术语。(孙艺风 2014;张景华 2015)又
如,王力(1981:183)基于结构主义语言学和美国描写语言学核心术
语"句式",针对现代汉语提出了"能愿式""使成式""处置式""被动
式""递系式"和"紧缩式"这些新创术语。由此可见,术语概念在跨
语传播过程中呈现出更为强大的传递性和生发性。

　　当然,这种由再语境化产生的话语效应是否具有积极的话语构

建价值需另当别论。如表 3.8 中例举的出现频次相对较高的"文化对等""语言对等"等术语,其学理合理性尚需进一步商榷。相比之下,一些出现频率较低并未统计在上表的派生术语,其原创性价值反而需要重视,如肖平杨、金萍(2006)提出的"缘生·赋值等值"、郭建中(2014)提出的"创造性对等"等术语均是由中国本土学者自主开展原创性翻译对等研究的代表性话语成果。称之为原创,是因为相比于原术语 equivalence,这些翻译对等概念在内涵上显然已经发生了质变。不同于那些以西方翻译对等理论为本位的再语境化应用研究,这些术语是再概念化之后的话语成果。这体现了术语概念跨语传播过程的纵深维度,即借助译入语本土经验材料不断丰富概念应用空间,甚至改变相关术语概念内涵的过程。

正如术语 equivalence 的跨语应用所展示的那样,术语翻译行为绝不止于语符层面上的转换,而是借助概念的传递带动起一系列的译学话语实践,同时也形成了一个过程性的传播场域。在这个传播场域中,我们可以注意到,术语概念在应用中生成的话语空间也是在逐渐发展变化的,当这种变化累积到一定程度,有时会促进认知方式的更新,所谓"意义成为语言的发明物"(汪涌豪 1999:24)。这意味着,话语实践中语境空间的扩张与转变同时可能会反向影响到原术语概念的意义表征,引起术语学术义的异化。在上述个案中就能看到,诸多术语及其概念的关联派生会在一定意义上对 equivalence 这一英文术语概念的原有内涵及外延产生反哺性影响。总而论之,传播中的术语扮演着知识传播之"媒"与话语构建之"诱"的角色。对于一些核心术语概念,它们除了发挥相应的认知与话语功用之外,往往还会在传播过程中对学术话语生态产生具有显示度的塑型效应,甚至会带来具有持久影响力的学术话语创新实践。

第四章

中国译学话语构建的知识路径

在国际学术场域中,中国当代人文社科学术话语的"失语"现象,可理解为中国知识表达不充分的结果,其中包含两方面问题。其一是中国传统学术话语优势被遮蔽;其二是中国当代原创学术话语的缺席。这两方面问题互相关联,不可分割。中国学术话语的深化构建这一当代诉求,实际上有其历史渊源与寄托。它不只关乎当代话语的创新构建,还同时涉及传统学术话语活性的激发这一根本问题,亦即传统学术话语的转型构建。简言之,中国学术话语的深化构建指向的是传统与当代、转型与创新相整合的双重知识实践。

4.1　中国译学话语的知识系统观

从学科史的角度来看,中国译学知识体系的演化脉络紧系于中国整个人文社科领域的学科话语发展趋势。一定程度上,中国人文社科各领域的学科化发展也可以看作一个不断改写中国传统知识谱系的过程,是在本土学术传统和西学体系共现视域中的知识迁移与再生产活动。中国译学也不例外。

中国本土翻译实践历时久远,历史上历经三次翻译高潮,即"东汉至唐宋的佛经翻译、明末清初的科技翻译和鸦片战争后至'五四'前的政治思想与文学翻译"(刘重德序,载马祖毅,2004:序 3),具有鲜明的阶段特征。这一翻译传统构成了中国本土译学自主发展的现实基础,同时为本土传统译学知识体系的形成提供了充足的经验材料。早在佛经翻译时期,便出现了明确的翻译概念与译学观点,例如"如翻锦绣""译者易也"等,这些论述即便是在当代翻译语境中,也具有重要的理论价值。翻译史上的每一次翻译高潮带来的理性思考与著述不断更新着中国传统译学的话语构成,扩充中国早期译学知识内容。这其中,"一些重要译论,大都渊源有自,植根于我国悠久的文化历史,取诸古典文论和传统美学"(罗新璋、陈应年 2009:16)。中国传统译学知识体系的特色成形于焉。

至新中国成立前后,中国传统译学话语一直维持着自足发展的状态。而在现当代特别是改革开放以来学术研究范式的西化浪潮中,中国译学知识的生产轨迹发生了质的变化。总体来讲,在这一过程中,中国译学知识生产由最初的自足性知识增长,转向知识消费和知识再生产。所谓知识消费,即译介而来的西方译论逐渐成为中国当代译学研究的主流话语。整体来看,"国内的当代译学研究,自 20 世纪 80 年代起,以不到 30 年的时间实现了西方译界半个多世纪译学思想的种种'跳越',同样经历了从原初朴素的印象主义的经验总结式研究到结构主义再到解构主义范式的发展"(魏向清 2008:48)。这足以说明西方译论对中国当代译学知识格局的巨大影响。与此同时,基于中国本土翻译实践情境,西方译论的跨语传播实践往往还会促进生发新的译学知识,这便是知识再生产的过程。这其中,等值论在中国当代译学生态中的谱系化发展便是一个典型案例。(刘润泽 等 2015)如此一来,在原本已经比较复杂的中国译学知识系统中,又有了新的知识内容与知识关联。中西译学知识杂糅的特质也随之愈加凸显。

追溯历史,过去 40 多年来,我国当代译学"走的是一条开放、探索、互动、创新的发展之路"(许钧 等 2018:2)在此过程中,中国译学的学科化发展可以说很大程度上首先得益于西方译学话语的本土传播与积极影响。西方译学知识体系在本土翻译实践场景中不断得到应用与验证、批评与反思，与此同时，这也反向促进着中国学界对传统译学知识的追溯与探索。伴随着这一源流演进，中国当代译学逐渐呈现出中西译学知识交织杂糅的样态，这也给系统认识中国当代译学知识体系带来了挑战。

通过追溯中国译学的演进历史可知，中国译学知识体系的杂糅状态是在中国译学生态嬗变中随着译学知识单元数量的不断增加、译学知识之间的关系不断细化与延展而逐渐形成的。这一发展趋势同生物进化的理路如出一辙——生物进化同样是由单一生命结构向复杂生命系统逐步深化的动态过程。可以说，中国译学知识体系的演化鲜明地体现了"知识的发展同生物的发展即动植物的进化十分类似"（波普尔 1987：120）这一知识观。反之，源自生物学领域的模因理念作为"研究第三世界①的生物学方法"（同上，121）对于中国译学知识的系统构建也会有一定的认识论借鉴意义，并有助于深入认识中西译学知识体系及二者之间的联系与差异。

众所周知，基因是生物进化复杂机理中的基础结构，也是生物进化理论话语中的核心概念。模因学作为一个跨学科认识路径，其解释效力很大程度上正是源于对基因本体特性的再阐释与创新应用。术语"模因"作为"基因"的一个"文化对等词"（cultural equivalent）（Chesterman 2011：17），其最初强调的是文化单元在传播中具有类似于基因遗传功能的模仿机制，这个意义上，术语"模因"本身便可视为"基因"这一概念模因效应的产物。随后，在跨学科应

---

①　根据波普尔（1987：114），"第三世界"即"思想的客观内容的世界，尤其是科学思想、诗的思想以及艺术作品的世界"。

用与研究中，术语"模因"又进一步产生了显著的模因效应，促生了由诸多衍生术语如"信息基因"（information gene）（Sen 1981）、"知识基因"（李伯文 1985；刘植惠 1998）等构成的"模因"术语体系。从"基因"到"模因"，再到一系列包括"翻译模因"（translation meme）在内的新生术语，这一概念谱系生发过程其实也见证着学界对基因的本体功能进行不断的挖掘、阐释与应用。众所周知，基因具有遗传、表达和变异的功能。一定意义上，Chesterman（2016）提出的"翻译模因"便是借用基因的遗传功能来描写译学知识体系的"进化"现象。本文拟探讨的模因路径面向中国译学知识体系的系统描写、构建与辞典表征实践，也需要以对基因功能的深入阐释与类比为基础。

最初，基因在著名的孟德尔生物实验中被称为"遗传因子"（discrete inherited unit）。这一命名本身实际上就能反映出人们对基因的朴素认识，即基因具有遗传功能。在生物进化研究中，记录与分析基因与基因组在各进化阶段中的遗传现象，有助于清晰认识生命活动的基础机制。"模因"作为一个衍生于"基因"的抽象概念，具有与之相似的基础功能和应用研究价值。在译学领域，Chesterman（2016）面向西方译学传统，成功提炼出具有译学元范畴意义的五大翻译知识模因，即 source-target、equivalence、untranslatability、free-literal、all-writing-is-translating，贯通西方译学知识体系，同时还提出可用以分析译学知识基础构成的"模因组"（memome）概念，在国际译学界产生了重要影响。这一跨学科研究成果充分说明，模因具有记录与梳理译学知识体系的工具性价值。由于中国译学知识体系的"进化"历程有其特殊性，上述由 Chesterman 提出的五大翻译模因自然不会完全适用于中国译学知识体系的系统构建实践，但其背后依托的模因遗传理据却十分值得借鉴。在梳理中国传统译学知识体系时，便可借助中国翻译思想史相关研究成果（如刘靖之 1981；朱志瑜、朱晓农 2006;罗新璋、陈应年 2009;朱志瑜等 2020),返溯至产生于中国翻译史不同阶段的原生文本与文化语境中,挖掘本土译学模因,尝试搭建中国译学知识体系的基础结构。例如,基于"案本—求信—神似—化境"(罗新璋、陈应年 2009:20)这一知识线索,可以初步总结出"本""信""神"等中国译学早期进化阶段中的部分主要模因。在此基础上,通过知识考古的方式,或许还可挖掘出新的传统译学知识模因。

就中国译学知识的重构实践而言,析出具有遗传功能的译学模因只是开端。如何进一步发掘与扩充可系统表征的知识内容,是这一模因路径需要进一步拓展的方向。这就牵涉到模因在遗传过程中的表达功能。正常情况下,生物性状的具体表征需依靠基因的表达来实现。而自然生态环境的外部调控作用往往会引发基因的选择性表达,从而产生多样的生物性状。同理,在中国译学的历时发展中,受到不同的翻译实践和学术文化生态环境的"调控"作用影响,同一个译学知识模因在其遗传过程中也会选择性地表达出具有不同话语形态的知识内容。反过来,这些话语形态各异的译学知识又可以通过单个知识模因关联起来,从而形成知识系统。例如,"本"作为一个中国传统译学模因,遗传性地表达出了多样的知识形态,如支谦的"因循本旨"、道安的"案本"与"五失本"、慧观的"趣不乖本",等等。又如,"神"这一模因早期见于由魏象乾提出的"传神"这一翻译步骤,在现代化转型期的文学翻译大讨论中,"神"的时空传递尤为活跃,散见于诸多译论,如林纾提出的"神会、步境、怡神",曾虚白"感应论"中的"神韵",陈西滢提倡的"形似—意似—神似"三重境界,等等。通过"本"与"神",又可分别在这些知识单元之间建立系统关联。

相同的思路还可应用于对西方外来译学知识本土化传播情况

的梳理。例如，等值论的本土化传播就触发产生了一系列具有原创学理价值的新生译学概念，这一点在上述章节中已做说明。相关新术语代表中国本土学者的原创成果，均可视为"对等"这一译学模因在涉及远距离语言对的翻译生态中差异性表达的结果。需要说明的是，以模因的知识表达为线索，不仅益于梳理中西译学知识体系发展中的连续性脉络，对于厘定传统译学知识与西方外来知识之间的相似性关联也有一定的帮助。例如，马建忠在《拟设翻译书院议》中所论的"善译"，即"译成之文，能使阅者所得之益，与观原文无异"，可以看作奈达的"动态对等"的同质模因在中西译学生态中的不同知识表达。

值得注意的是，中西方翻译实践和学术文化生态之间的地方性差异十分鲜明，大多情况下，由这种生态环境差异带来的影响要远远超过常规"调控"的限度，以至于足以引起译学模因的变异。这同自然界中的基因变异现象十分类似。基因的变异往往会引发产生等位基因。两个或多个等位基因用于控制同一个生物性状，但因其内在结构不同，所对应的生物性状表征往往存在根本性差异。同理，中西译学话语生态之间也会存在具有对应关系的等位译学模因，即同一译学问题域中对等但不等同的模因类型。中西方译学传统中的翻译概念其实就可视为一对典型的等位模因。这一点，通过汉外语文体系中用以表征翻译概念的语符指称便可做出判断。

诞生于西方语文体系中的翻译概念表达，语符义十分相近，其所指往往具有明确的方向性，如英、法文 translation 与 traduire 可谓同根同源，前者的前缀 trans- 源自拉丁语，意为"across, to or on the farther side of, beyond, over"[①];而后者源自拉丁语 tradūcěre,意为"to lead across"。这一萌生于印欧语系中的翻译概念同中国传统翻译观虽有一定关联,却有本质不同。在《翻译名义集自序》中,法云曾转引《宋僧传》这样解释"翻"与"译"——"如翻锦绣,背面俱华,但左右不同耳。译之言易也,谓以所有易其所无……"不难看出,古人对于翻译的认知从一开始就强调不同语言及文化体系之间的差异性,这同梵汉之间固有的语系距离是分不开的。进而也就不难理解,"翻译"这一概念在中国译学传统中为什么会"虚涵数意",体现出独到的释译观。例如,早在译经时期便有"译者释也,交释两国,言谬则理乖矣"(出自僧祐《胡汉译经文字音义同异记》,罗新璋、陈应年 2009:54)、"译之言易也"(出自赞宁《义净传系辞》,罗新璋、陈应年 2009:92)的观点。又如,钱钟书在《林纾的翻译》一文中训诂出"译"与"诱""化""讹"之间一脉相承的意义谱系(罗新璋、陈应年 2009:774)。再如,许渊冲提出翻译"八论",即译者"一也、依也、异也、易也、意也、艺也、益也、怡也"(林煌天 1997:804)。

　　上文回归模因概念的隐喻本质,基于对基因的遗传、表达与变异这三大功能的阐释与类比,提出了系统认识中国译学知识体系的模因路径。该认识路径能够循序渐进地揭示中国译学知识体系的杂糅特质,厘清中西译学知识体系脉络及其互通纹理,从而能够服务于中国译学知识的系统构建,具有话语自塑实践革新意义上的重要价值。

---

　　① 　https://www.oed.com/view/Entry/204575? rskey = baxuLE&result = 4&isAdvanced = false#eid

4.2　中国译学话语实践中的术语西化症结

　　学术话语的生命力很大程度上源于它的开放性。源生于不同学术文化时空的思想成果的共享与话语共建是人类学术话语得以蓬勃发展的核心驱动力。在当今全球化时代,随着地理空间限制的消解与信息传输途径的多元化,不同地缘学术实践之间的交流逐渐成为一种常态,学术思想的跨语译介与传播也成为促进主客双方学术话语构建的必要路径。在这一背景下,学术话语实践对于术语翻译的依赖日益增强,尤其在以理解与阐释为主要话语构建方式的人文社科领域,术语翻译的话语构建效应更是不容忽视。与此同时,术语的跨语流通与应用也成为反映学术话语开放程度及其构建现状的重要参照。

　　译学作为人文社科领域的一个分支,其话语体量的扩充与话语结构的深化同样得益于译学术语的本土创生与广泛传播。西方译学话语在世界译学版图中之所以能够占据一个显著的位置,很大程度上离不开创生于英、法、美、德等不同地缘空间译学术语的相互借鉴与差异化应用。这一过程中,西方译学术语类型不断丰富,核心术语如 translation、equivalence、correspondence 等的学术义也得以拓展。这正体现了由译学术语翻译实践带来的互动性话语构建效应。这种开放性的话语共享共建离不开基于地缘差异的原创译学话语的本土构建。也正是在这种差异取向的对等互补中,普适性译学思维得以生发[①]。

---

　　① 当然,这并不排除译学话语实践中英美中心主义的情况。例如,Schmidt(2014)就曾转引 Snell-Hornby 的观点,认为英美语言学译学传统对源自德国译学传统的功能主义学派表现出一定程度的排斥。

谈及西方译学话语的开放性,不得不提及它对于中国当代译学发展的积极推动作用。自 20 世纪 80 年代始,借助术语的跨语传播与应用,西方译学成果为中国译学话语构建提供了不可或缺的话语资源。虽然我们以十分开放的姿态持续而系统地引进西方译学话语资源,并尝试融入世界译学的大环境当中,但迄今为止,我们似乎并没有以同样开放的姿态对世界译学产生对等程度的"回馈"。正如 Cheung（2009:224）所指出的那样,"尽管中国译学历史久远,论题多样,但对于其他译学传统的影响微乎其微"（In spite of its long history, in spite of the range and diversity of topics covered, Chinese discourses on translation have so far exerted little influence on other translation traditions.）。王东风(2016:xvii) 也直言:"中国学者所做的翻译学研究还没有引起国际翻译学界的高度关注。"（帕伦博 2016:xvii）简言之,中国译学话语面临着"失语"的尴尬境地。

中国原创译学术语的"缺场"是中国译学话语"失语"的显性表征。反观当代翻译研究领域,中国译学术语的"缺场"已是一个不争的事实。我们通过现有主流译学辞书的收录情况便可知晓大概情况。例如, *Dictionary of Translation Studies*（Shuttleworth & Cowie 1997/2014)这部重要的译学术语词典收录了除英美之外来自其他主要地缘传统的术语,如法语术语 traduction absolue、德语术语 übersetzen、俄语术语 Realii 等,而中国译学术语却难觅其踪。另外,在 *Routledge Encyclopedia of Translation Studies*（Baker & Saldanha 2009)这部公认的世界权威译学辞书中,提及的中国译学术语只有严复的"信、达、雅",分别以"literal — communicative — elegant triangle"（Baker & Saldanha 2009: 153）和"Faithfulness, Communicability and Elegance"（同上, 153)为译名依次出现在条目 literary translation 和 Chinese tradition 的释文中。"信、达、雅"要么作为传统译法术语同"word-for-word"和"sense-for-sense"并置，要么作为描述中国翻译史的点缀。显然，这个一度被视为"文章正轨、译事楷模"的中国传统译学术语表达所蕴含的理论价值，尤其是伦理层面的译学知识，在该辞书中并没有"对等"地呈现出来。而这已经是编者在新版中特别强调了翻译研究中"非西方视角"（non-western perspectives）（Baker & Saldanha 2009：xxi）之后的处理结果①。

某种意义上，上述现状同意识形态制约不无关系，至于这究竟是源于译学欧洲中心主义带来的话语殖民暴力，或在于我们自身沉浸于"自我殖民"（self-colonization）而不自知，需另作探讨，非本研究讨论重点。但有一点可以肯定的是，中国译学话语的跨语构建模式正面临着从单向输入向中西双向互动转型的现实需求。中国译学话语体系能有如今的规模离不开术语翻译实践的推动作用，中国译学话语体系的深入构建同样有赖于进一步的术语翻译实践。只不过，在肯定术语汉译实践对完善本土话语体系方面贡献的同时，还应强调术语外译实践的话语传播与跨语构建价值。按照术语翻译的过程逻辑，术语的对外传播是有前提的，如果我们最初就没能提出具有原创价值与一定影响力的译学术语，也就谈不上"缺场"与否了。但原创性似乎也正是当下中国本土译学话语实践中需要正视的一个问题。方梦之（2016；2017）对我国学者发表于国际期刊的论文进行统计分析后，曾明确指出："我国论文较少研究译学的基础性、普遍性、国际性问题，理论的原创性差，鲜有涉及国际热点的讨论。"原创性不足似乎同样也是国内译学术语创生与使用现状的写照。这方面，考察中国译学话语以及汉语译学术语系统生态的整体

---

① 通篇概览，新版仅仅是在个别原条目如 Classical texts、History of translation、Institutional translation 等释文中新增了部分有关中国翻译实践传统的事实信息，并未见对中国译学术语或相关理论话语的补充。

特征,有助于认清关键问题之所在,从而为明晰相关解决路径提供
有益启示。

4.3　中国译学话语构建中的术语知识表达需求

中国不仅拥有丰富的翻译实践史,还有宝贵的译学话语资源与
原创的译学术语表达体系。直至 20 世纪 60 年代"化境"论问世,我
们仍能看到中国传统译学话语的连续性拓扑转换与本土译学术语
概念谱系的同质性延伸。但是,自 20 世纪 80 年代始,随着西方译论
的译介与广泛传播,中国本土原生译学术语系统的自足性发展轨迹
似乎终止了。一时间,西方译学术语可以说是"跃进式的涌现"(张
柏然、张思洁 2001:92),"大搬外国新术语的现象"(张柏然 2001:1)
尤为活跃。与此同时,由于言说方式的差异性,源生于中国本土翻
译实践的原创译学术语被盖上了"传统"的印戳,常常归置在翻译史
的范畴。"一个时期里,在翻译界,西化思想相当普遍,旧有的传统
与文化思想被贬得一钱不值,西学为体的思想再度被炒热起来。"
(同上)。不难想象,如果按照这样的西化逻辑发展下去,西方译学
术语的系统性植入难免会造成传统话语与西方话语之间二元对峙
的局面。而这种以消费为主的话语实践惯性抑或说是惰性势必会
成为中国当代译学创新发展的极大阻碍。中国译学术语系统生态
面临着被同化的隐患。

事实证明,"对西方的理想主义"(同上)绝非一时的异域效应。
时至今日,以"西学为体的思想"(同上)的势头仍旧强劲。很大程度
上,中国当代译学理论的发展完全可以看作"西方译学范式更迭的
翻版"(魏向清 2008:47),这一点,可以说是译学界的基本共识与集
体焦虑。而这种理论思维的西化会进一步左右中国译学话语实践,

使之按照一个近乎约定的轨迹发展。关于这一方面,我们不妨以具有一定代表性的国内译学期刊《中国翻译》①为例,借助该期刊文献关键词知识图谱(时区视图)(图 4.1)②所提供的线索探寻中国当代译学话语实践的整体发展特征③。

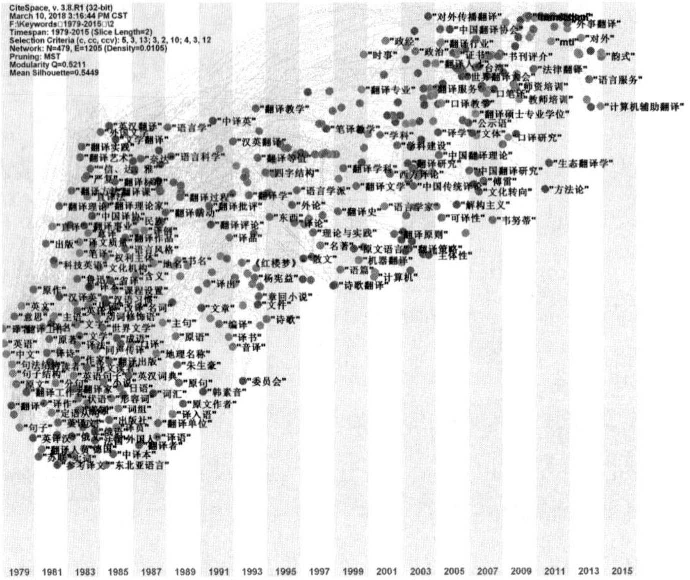

图 4.1 《中国翻译》文献关键词(1979—2015)共现图谱

从图 4.1 中能够看出,20 世纪 80 年代是中国译学话语实践的蓬

---

① 《中国翻译》创刊于 1979 年,前身为《翻译通讯》,是国内最早的译学专刊。1982 年成为中国翻译协会会刊。"反映国内、国际翻译学术界前沿发展水平与走向,开展译学理论研究",是其创刊核心宗旨之一(详见 http://www.tac-online.org.cn/index.php? m = content&c = index&a = show&catid = 442&id = 2482)。其最新综合影响因子指数为 1.621,复合影响因子指数为 2.668。一般认为,《中国翻译》是我国当代译学领域的权威期刊。

② 图 4.1 通过 Citespace 完成,指数达标。其中,为避免信息密集带来不必要的视觉混淆,在原有阈值基础上设置了只显示频率＞10 的关键词。

③ 一般认为,期刊文献能够及时地反映该领域的研究动态。而期刊文献关键词"能直接反映科研领域内的知识点分布和知识结构"(陈果 2015:47),一定程度上能够体现出话语实践的基本情况。鉴于此,本研究以《中国翻译》(1979—2015)的关键词为原始数据。数据清理后,获得 12024 个关键词。

勃发展期。其中,受到以奈达译论为代表的西方语言学派译学成果的影响,国内当时的译学话语实践以语言科学为主要理论参照,关于这一点,密集分布于相应时期内语言本体相关的关键词词群便是直观体现。如图所示,随后,翻译过程、翻译批评、翻译史等其他翻译研究维度逐渐进入话语实践场域,很大程度上,这也带动了中国语境下译学意识与学科意识的觉醒。进入 21 世纪以来,"文化转向""解构主义"等代表西方译论新成果的关键词可以侧面反映出西方译论仍是中国译学发展的重要推动力。

　　当然,囿于数据来源与体量的局限性,图 4.1 并不能完整呈现中国当代译学话语实践的所有细节,但现有数据足以传达出这样的信息,即现阶段中国译学话语实践仍呈现出"跟着讲"的姿态。究其根本,这正是受到西方译学术语系统横向移植的影响。关于这一点,我们只需统计现有关键词数据便会有所发现[①]。初步统计结果显示,高频关键词多以表征翻译实践信息为主,在为数不多的理论性术语中,除却"直译"(66)、"意译"(27)、"音译"(19)"等译法术语[②],大多是西方译论术语。例如,在频率≥10 的高频关键词中,除"信达雅"(33)之外,其余均为西方译学术语[③]。而总览整个关键词列表,中国传统术语相关表达所占比重甚微,相关关键词的出现频次也极低,例如,"神似"出现 5 次,"文质之争"与"形神"各出现 1 次。这一

---

　　① 要对中国当代译学术语系统生态做精深分析,需借助海量的学术研究文本以及术语抽取、数据挖掘等信息技术来完成,这显然需要另立课题做独立研究。实际上,从图书情报学的角度,相关学科术语的应用情况在期刊文献的关键词信息中便能大致呈现出来。术语在话语实践中往往发挥着关键词的作用,而有些核心关键词又会逐渐发展成为术语,文献关键词可以说是术语应用信息的情报站。因篇幅所限,仅将频率≥10 的高频关键词列出,见本书附录一。
　　② 还包括"改译"(36)、"直译法"(18)、"编译"(14)、"意译法"(12)等。
　　③ 主要有"可译性"(25)、"语言学派"(22)、"异化"(20)、"解构主义"(17)、"归化"(16)、"主体性"(16)、"不可译性"(15)、"翻译社会学"(12)、"翻译等值"(11)、"翻译伦理"(11)、"文化学派"(11)、"忠实"(10)、"多元系统论"(10)、"规范"(10)等。

共时性的关键词量化统计并不能准确呈现各术语类型的绝对数量，却能清晰地反映出西方译学术语的绝对影响力。相比之下，在中国当代译学术语系统生态中，具有一定影响力的中国原创译学术语却很难见到，这种情况下，又何谈国际视野中的"在场"呢？

理想情况下，术语翻译是丰富本土话语结构、促进差异性学术传统平等对话乃至实现价值共现与话语共建的双向互动过程。然而，就上述统计数字呈现出的结果来看，外来译学术语的本土化传播与应用实践显然还远远没有进展到这一程度。即便是以equivalence为代表的对中国当代译学发展影响深远的核心术语，其汉译传播的实践空间仍十分局限。术语equivalence在中国已传播长达40余载，但至今依然是言必称奈达。在这一过程中产生出的次生原创术语似乎并没有产生足够的话语影响力。深究其缘由不难发现，这些次生原创术语的原创度十分有限，它们主要是因循西方主流译学范式不断更替本土翻译实践材料产生的新表达，鲜有指向基于中国本土翻译实践特殊性的译论及话语创新。实际上，中国传统译学话语中有不少足以与equivalence的学理价值相对等的术语概念，如源自佛经翻译的"翻"与"易"、文学翻译中的"似"，等等，都可作为中国当代翻译对等创新研究的话语素材。在中国传统译论中也可觅得翻译对等思想的基因。关于这一点，金隄（1998：x-xi）在其《等效翻译探索》原序中曾讲道："从中国古代的'求真喻俗'到近代的'信达雅'，从瞿秋白的深入浅出的论证到茅盾、傅雷的宝贵心得，以及其他许多先行者的体会，都已经为等效理论作了重大的贡献。"

现实情况是，这些极具原创特色的传统话语元素很少有效地参与到equivalence跨语传播中的再语境化话语实践当中，很多情况下依然是在翻译史的框架中打转，因而难以在当代译学语境下得到实

质性应用。这其实也正反映了张佩瑶(2004)所说的"面向传统"与
"面向西方"的理论建设者各走各路的派别化现象。这严重制约着
中国当代译学话语的创新构建与中国译学术语系统生态的均衡发
展。这种情况下,又何谈中西译学话语的平等互动呢?单向输入与
话语遮蔽的恶性循环恐怕也在所难免。很难想象,如果话语消费代
替话语原创成为中国译学话语构建的第一生产力,会是一番什么景
象。彼时,那些具有中国原创价值的传统译学话语只怕真要成为只
供缅怀的旧传统了,中国当代译学话语实践中应有的批评性反思与
本土化创新恐怕也更难以深入开展。从这个意义上讲,中国译学在
国际视野中的"失语",很大程度上要归咎于自身构建过程中的"失
体"。面对这一现状,基于传统与立足当代的双重路径是中国译学
话语深入构建之所需。

4.4　中国译学话语构建的复合知识路径

　　无论是言语交际还是思想交流,只听不讲或只取不予都会提前
终结交际活动,从而无法引导对话的深入开展。单方面的"失语"最
终会造成双方的信息损失。同样地,作为一种思想交流活动的中国
学术话语实践若要实现深入构建,必然要立足于本土原创话语资
源。创新是学术文化进步的核心驱动力,是学术文化影响力之根
本,同样也是不同学术文化之间开展对话、实现话语增值的前提。
中国译学话语的"失语"可以看作中国整个人文社科学术话语失语
现象的一个缩影。前文已提及,20 世纪 80 年代以来,随着西方学术
话语的广泛传播,中国人文社科学术话语"失语"现象反而日益凸
显,这一问题已引起国内学界同仁的群体性反思。毋庸置疑,"失
语"是学术话语影响力不足的直观体现。加强当代学术话语的创新

构建,提升中国学术话语的原创能力已然是中国当代人文社科学术发展面临的不二选择。

如果我们进一步追问,为什么会出现创新不足的现象?就会发现,这一当代问题背后还隐含着与传统的关联。我们知道,中国学术文化的现代化离不开以五四新文化运动为代表的历史事件的推动作用。外界的推动无疑有助于加快对西方学术成果的学习与借鉴,但与此同时,这种特有历史文化情境中的社会政治行为如果失之极端,往往会造成传统与现代的"无端"对立。当我们将以"四部之书"为代表的那些本土原创话语资源缚之于"传统"之名时,就意味着,我们已经尝试置身于传统之外,开始在西方学术名词的影响下来思考与言说。这使得中国学术在向西方现代理性努力靠拢的同时,往往以压制本土传统学术模因的活性为代价。这种异化的学术生态无疑会限制中西话语的互动。对于中国学术文化而言,当代话语的创新不仅仅需要现代理论形态的原创构建,更需要以传统话语价值的再挖掘为前提。

中国传统学术话语之转型构建有其历史合法性。谈及什么是"传统"这一问题,往往绕不开它的相对概念,即"现代"。这种普遍认知方式反映出的是传统与现代在本体意义上的辩证统一关系。钱穆(1984:129)曾言:"历史传统中必有不断之现代化,每一现代化亦必有其历史传统之存在。"这个意义上,每个时代都有其专属的现代化,传统的现代化可以说是一种必然而自然的发展规律。在学术领域,传统代表着一种思维方式。"思维方式不仅是传统文化的组成部分,而且是它的最高凝聚或内核。"(蒙培元 1988:53)正是这种内在的思维方式决定了学术话语的构建逻辑及其概念表征。具体到中国学术文化,生发于汉语言文字的中国传统学术文化相对于西方学术文化是一种异质性存在。整体来说,"中国人不尚作论,其思

辨别具途径,故其撰论颇多以诗、史之心出之"(钱穆 1987:9)。其相
应的思维方式是"更重视主体独特的经验,重视主客之间的相互作
用,重视从整体上直接把握对象,重视整体的浑成与圆融"(乐黛云
等 1998:208)。这使得中国传统学术话语"强调各概念在具体语境
中的'互文见义'……中国的概念群之间的关系是由诸张力型概念
而来的一种虚实结合的互动性关系"(张法 2008:133)。所谓传统学
术话语,强调的正是相对于现代学术话语的这种由内而外的特殊
性。我们知道,现代与传统的分野源于西方理性的兴起与权威化。
经这种现代理性打造出来的话语体系具有一套它自身的逻辑系统。
对于中国学术话语而言,传统向现代的转变是一种近乎颠覆的革
命。具体而言,它是一种以汉译西方现代学术成果为主要渠道的撕
裂式跨越。称之为"撕裂",是因为中国传统自发性的现代化演进时
空自 20 世纪初逐渐被阻断,取而代之的是一种以西方现代理性为圭
臬的发展逻辑。作为西方现代化的核心驱动,西方现代理性是其人
文实践中的产物,是否具有绝对意义上的普适价值尚值得商榷。即
便是在西方学术传统自身的发展进程中,"理性"的权威性也面临着
解构与反思。中国学术话语要维护其自身的主体性,完全依赖于西
方的"理性"显然并不可取。当然,中国学术的发展需要西方现代化
学术成果的补充与参照,但同样重要的是,它需要释放自身传统的
活性,激活其现代化转型的自然发展逻辑。

聚焦于本研究关注的译学领域,在当代译学话语实践中,传统
原创术语概念常常处于"雪藏"状态,其置身之所往往局限于翻译史
研究的视域。实际上,尽管翻译实践情境会因时而异,传统译学术
语概念内隐的译学思想基因却有稳定的学术价值,十分值得发掘。
同人文社科其他学科领域一样,中国译学发源于本土人文学术传统
的思维共性。整体而言,"中国译学的传统,其形成的根本在于中国

传统译论的产生与发展始终是浸润在中国古典哲学、美学与文论的丰富思想资源之中的,有着同根同源的理论基础"(魏向清 2008:51)。换言之,中国译学秉承了传统国学的母体优势,其"理论建构往往是基于对翻译现象的知觉体验或心理感悟"(张柏然、辛红娟2016:1),体现的"是整体的、直觉感悟的思维方式"(同上)。具体到中国传统译学概念,"它们的内涵和外延大都是流变的,相互之间存在着多层面的交叉与包容关系"(杨自俭序,王宏印 2003:序 2),具有深厚的古典哲学与美学渊源(刘宓庆 1993;张柏然、张思洁 1997)。

"一个传统要延续下来的话,就必须'发挥作用'。"(希尔斯2014:17) 在当代情境中,若要延续传统译学术语的应用价值,就需要我们深入这些术语得以生发的话语逻辑予以重新阐发,推动传统译论的转型构建。所谓转型构建,要言之,就是"本其所自有者而益充而广大之①",其"目的在于激活那些具有生命力的古代译论部分,获得现代的阐述,成为当代译学理论的组成部分"(张柏然 2001:92-93)。发生学意义上,传统学术话语往往包含着原始样态下丰富的学术模因类型,其现代化发展需要依托于这些学术模因的遗传、表达与变异这一演化过程。

传统的价值在于它的奠基意义,而不是支配作用。中国学术话语的深入构建需要基于传统,但不是纯粹地面向传统。换言之,中国传统译学话语的转型构建是中国译学话语深入构建中的一个重要方面,但并不是全部。整体而言,"学术的原创性有两个支点:一是全人类性和全球性,一是本民族性和地域性。……它们分别具有各自的意义,从本质上来说,它们是相通的"(杜里奇、陈望衡 2016:

---

① 原出自叶燮所著《原诗》,原句为:"故本其所自有者而益充而广大之以成家,非其力之所自致乎?"

164)。其中,民族性是原创的始源,也是实现原创价值之全球性效应的根基。如果说,传统学术话语的转型构建旨在彰显民族性原创特色,那么当代学术话语的创新构建则以产出具有全球性普适价值的原创成果为最终目的。

　　反观西方译学话语实践,客观而论,西方译学之所以具有影响力,本质就在于其当代话语实践的原创性。这种原创性既源于西方传统译学话语基因的遗传与重构,又离不开当代多元研究视角的借鉴与融合。一方面,西方当代译学不断从其本土学术传统中汲取话语养分,例如,Nida(1964:163-164)在阐述他的翻译等效论时,就参考了 Matthew Arnold、Benjamin Jowett、Alexander Souter 等前人对于"相似反应"(similar response)的观点;Steiner 正是以西方诠释学传统为基础,提出了诠释学翻译理论;解构主义译学范式的诞生离不开瓦尔特·本雅明(Walter Benjamin)在《译者的任务》这篇经典译论中所构建的翻译观的奠基作用。又如,功能学派的核心术语 skopos 以及描写译学范式中的 tertium comparationis 等都直观体现了西方译学向其本土传统学术资源寻求话语元素与灵感的取向。而另一方面,西方当代译学的建立,很大程度上得益于研究视角的跨学科性与话语结构的系统化。语言学、交际学、文化学、社会学、传播学等诸多学科均为当代西方译学的创新发展提供了多元理论参照,并促进了当代译学话语在本体论、认识论、价值论与方法论层面的系统化完善。

　　显然,西方译学话语构建践行的是一种基于传统与立足当代的双重路径。"我们要认真学习吸收的,不应该是西方学者的结论,而是他们的立论精神、发现和观察问题的方法以及论证的过程。"(潘文国 2016:10)上述西方译学话语构建的双重路径能够为中国译学话语的深化构建带来重要启示。中国本土话语要以原创的姿态传播出去，也需要同时在这两个方面下功夫，即在致力于传统话语转型构建的同时，加强当代话语的创新构建。对于中国译学话语构建而言，之所以要强调"当代"，并不是要制造一种时间意义上的新旧隔离，实则是在强调传统译学话语价值的同时，自然而然显现出来当代译学知识生产逻辑与话语呈现方式的特殊性。无论是传统译论的转型构建还是当代译论的创新构建，都是立足于本土翻译实践的原创尝试。在实际构建过程中，中国传统译论的转型构建离不开当代译学多元研究思维的观照，而当代译学的创新构建同样离不开传统话语元素的补充与传统思考方式的启迪。

第五章

面向中国译学话语构建的
术语系统实践

聚焦于中国译学话语生态不难发现,译学术语的流通与使用是中国译学话语形成与发展进程中不可或缺的语言与文化双重实践。术语实践引起的学术话语效应具有双重可能性,它既可以通过引介外来话语基因丰富本土学术话语生态,同时也可能造成单向的话语输入,带来学术话语"殖民"的消极影响。这个意义上,中国译学话语的"失语",某种程度上可视为译学术语实践失范的结果。具体而言,中国译学话语实践过度依赖西方学术模因的复制与传递,而真正意义上中西学术概念的交互与会通则十分有限。学术话语构建是一个持续动态演进的实践活动,究竟何去何从,很大程度上要取决于学术话语主体的构建意识与方法路径。如何最大程度上发挥汉语译学术语实践的正效应以调控、优化中国当代学术话语,至关重要。本章将以传统文质论和生态译学为个案,就其优化构建所需的术语实践做具体探讨。

5.1 中国传统译学术语的知识重塑与阐释

如上所述,中国学术话语的现代化在实践路径上凸显的是对西方现代理性的引介与跨语翻译,而淡化了对自身传统的自然传承与语内翻译。传统学术话语要在现代语境下显现出价值,首先需要一个自我翻译的转型构建过程。这种转型应不同于一般意义上的"转换"，即用已有的现代理论框架来分解传统话语，而是要通过揭示其本有的话语构建逻辑，让其独特的学术价值自然显现出来。中国传统译学话语便面临着这种转型构建的现实需求。我们知道，术语是构成学术话语逻辑的概念节点，所谓的核心术语其实就是指那些系统关联十分活跃的术语概念，它们往往是深入认识学术话语知识结构与生产逻辑的重要窗口。例如，关于罗新璋（1983a，1983b）提出的"案本—求信—神似—化境"的中国传统译论发展轨迹，其实就可以理解为通过核心术语从整体上勾勒出中国传统译学话语的演进逻辑。当然，人文社科学术话语构建逻辑不仅体现在其系统生发的事实逻辑层面，还关系到价值逻辑这一深入其人文传统的深层次问题。对于具有哲学–美学渊源的中国传统译学话语而言，挖掘其核心术语背后的价值逻辑是必要准备工作，也是传统译学话语转型构建的核心，它将进一步影响其跨语传播的效果。

翻译史意义上，佛经翻译时期是中国传统译学话语形成的关键期。众所周知，佛经翻译是中国翻译史上的首次翻译高潮，具有重要的历史意义。这一时期，出现了"我国第一篇谈翻译的文字"（罗新璋 1983a：9），即《法句经序》，而道安撰写的《摩诃钵罗若波罗蜜经抄序》标志着"吾国翻译术开宗明义"，此外，彦琮所著《辩正论》称得上"我国第一篇翻译专论"（罗新璋、陈应年 2009：60）。实际上，在诸多经文序跋、后记等副文本资料中，翻译相关的记载与评述不在少数。对此，学界早已着手开展系统的梳理与收编，罗新璋、陈应年（2009）与朱志瑜、朱晓农（2006）的研究成果一般被视为这方面工作的代表性贡献。正是在这些看似不成系统的文本的历时积累过程中，中国传统译学话语的体系性逐渐完善起来。译经时期已经出现了较为完整的翻译本体术语体系，例如，"出（经）""传（译）""胡本""本旨""义""音""辞""译人""笔受""在读者"等等。借助这些基础话语,译经思想得以表达与长足发展。朱志瑜(1998:118)曾指出,这些译经相关的"论述都很短,有的只是只言片语,最长不过数百字,却涉及了现代翻译理论所关心的译者、读者、类型、语言与文化等丰富的内容"。可见,这一时期产生的译学思想具有超越宗教文本类型特殊性的普适价值。不同于西方基于《圣经》翻译实践产生出科学性译论这种话语构建模式,我国佛经译学话语主要创生于以儒家为主体的中国传统哲学伦理学,并发展成为中国传统文论的一个有机组成部分①,具有鲜明的美学特色。中国传统译论的后续发展也莫不延续着这种话语特质,同佛经译论具有一脉相承的渊源关系。例如,钱钟书评介《法句经序》时曾指出:"'译事三难:信、达、雅',三字皆已见此。"之所以能够在严复的"信达雅"与佛经译学话语之间建立联系,绝不仅仅因为源于不同时空的译学话语之间具有形态上的相似性,而是中国传统译学话语基因的遗传与适应性表达这种深层机制运作的结果。这种话语同质性与连续性也使得中国传统译论在整体上发展成为"古典文论和传统美学的一股支流"(罗新璋1983b:12),同传统文艺话语资源水乳交融。在这个意义上,佛经译论不仅是中国传统译学话语形成之端始,更是中国传统译论生发之源,其学理价值不言自明。佛经译论术语事实逻辑与价值逻辑的阐发因而也是中国传统译论转型构建的重中之重。

　　谈及佛经译论术语,不得不提到"文"与"质"。季羡林(2015:3)在谈翻译时曾说:"从实践中产生的理论,也以佛家为最有系统,最深刻。"而在佛经译论成果中,文质论作为中国传统译学思想中的十大学说之首(王秉钦 2004),可谓最为系统与深刻了。中国译学中的

---

　　①　例如,罗根泽(2003)在《中国文学批评史》中就将佛经翻译思想归属为魏晋六朝文学批评。

"文质论"并非某一具体的理论，而是以"文"与"质"这两个核心术语为概念节点贯穿形成于整个译经实践史的话语群。早在三国时期撰写的《法句经序》中，便出现了文质论的雏形。支谦在《法句经序》（转引自罗新璋、陈应年 2009：22）中首先表达了对竺将炎译经的看法，称"其所传言，或得胡语，或以义出音，近于质直。仆初嫌其辞不雅"。随后，他转述了维祇难等人的译论观点，即"佛言'依其义不用饰，取其法不以严'。其传经者，当令易晓，勿失厥义，是则为善"。"今传胡义，实宜径达"。在此基础上，他提出了"因循本旨，不加文饰"的翻译观。

此后，"文"与"质"作为核心术语反复应用于这一时期的译学话语文本中。直至在唐代僧人辩机执笔的《大唐西域记序赞》中，仍能发现关于文质的深刻探讨："传经深旨，务从易晓，苟不违本，斯则为善。文过则艳，质甚则野。说而不文，辩而不质，则可无大过矣，始可与言译也。"（转引自罗新璋、陈应年 2009：64）"文"与"质"是中国传统译论的核心话语标记，具有基础性的范畴价值。对此，张思洁（2006）已做系统而深入的阐释。然而，在现当代译学话语实践中，这一对极具中国传统译学话语身份特色的本土原创术语却往往需要借助"直译"与"意译"才得以为人所知，甚至完全让位于这两个源生于西方译学传统的现代译学概念①。对此，潘文国（2012：4）做了精辟的描述：

> "文""质"之争是从三国时支谦一直到隋初彦琮 400
> 年间讨论的一个核心问题，伴随着佛经翻译的高潮，可说
> 是非常"中国式"的一个译论议题。……然而 20 世纪初，

---

① 严格意义上，直译与意译是源于西方译学传统的术语。中国传统译论中，直译实际上与重译相对，同今日的直译含义迥然不同。

> 自从梁启超在《翻译文学与佛典》一文中提出:"翻译文体
> 之问题,则直译、意译之得失,实为焦点"(梁启超 1920/
> 2001:179),并从直译、意译的角度讨论了佛典翻译史之
> 后,文质之争不见了,剩下的只是直译、意译之短长。而
> 在现代译界,从傅斯年(1919)、茅盾(1921)开始,中国译
> 学就始终纠缠在直译、意译问题上。直到今天,"直译、意
> 译"还是翻译研究的最高频词,而"文、质"早被人遗忘了。

从以上论述中不难看出,现代以来,我们对于"文"与"质"的认
知开始局限于"意译"与"直译"的概念框架。这种"反向格义①"进一
步引起了"文"与"质"概念的古董化,其结果是,"文"与"质"的原创
价值遭严重遮蔽,难以得到实际应用与进一步发展。正如方梦之
(2017:96)所指出的,这一对概念"现在只是在讨论古代译论或今昔
译论对比时才出现,它的概念形态并无多大发展"。毫不夸张地说,
"文"与"质"大有被"意译"与"直译"替代的趋势。

从术语翻译实践过程的视角来看,这种潜在的或已经发生的概
念替代现象是西方译学术语汉译及其使用带来的一种话语倾向。
客观而论,"直译"与"意译"作为英文原术语 literal translation/word-
for-word 与 free translation/sense-for-sense 在其汉译对等过程中产生
的对应表达,能够分别同"文"与"质"建立联系,是具有一定积极的
话语构建意义的。这一对等过程使得"文"与"质"能够打破时空的
限制而同西方的译学概念相遇,从而带来深入对话的可能。然而,
现实情况是,同前文 equivalence 的汉译对等实践情况类似,这一对

---

① 刘笑敢(2006)曾以中国哲学研究为例,将"反向格义"解释为"以西方哲学概念和
术语来研究、诠释中国哲学的方法"。在中西会通意义上,"反向格义"当然能够发挥一定
的积极作用,但同时也伴随着抹杀中西差异的弊端,"很容易导致对中国哲学思想、术语、
概念的误解,导致机械地、错误地套用西方哲学概念的可能性"。

等过程并没有深入进行下去。中西译学话语之间的线性对应关系仍被赋予一种形而上的权威,而面向中西差异的话语多元化构建效应远未形成。这种对应式的对等实践急于求同,而忽略了"文"与"质"可能会对"直译"与"意译"产生的反哺观照。

在我国当代译学话语实践中,给这两组代表着异质性译学传统的概念贴上相似甚至等同的标签似乎也成为一种群体无意识行为,散见于诸多表述中。例如,吕澂认为"奘师译文与其谓为忠实之直译,宁谓为忠实之意译"(转引自冯契 2014:789)。任继愈(1981:172)认为,"改'胡音'为汉意,也就是用意译取代音译,在支谦那里做得是比较彻底的"。蒋述卓(1988:52)称:"中古时期的佛经翻译理论主要就是讨论佛经翻译是直译还是意译的问题。"季羡林(2015:6)认为:"中国偏重于直译与意译之争,所谓文与质者就是。"华先发、华满元(2014:138)认为:"我国佛经翻译史上'文质之争'实际上就是辩论'怎么译',简言之,类似于当今翻译界所讨论的直译与意译之争。"当然,局部表述并不能代表完整章节所要表达的观点,但不可否认的是,从话语实践的角度,这种表述本身就很容易遮蔽"文"与"质"的原创话语优势,从而引起不必要的概念混淆。"文"与"质"一旦被"直译"与"意译"背后的"形式—内容"这一二元逻辑所转换,就丧失了其原创话语的生命力。这个意义上,通过外向型翻译对等实践提升传统译学话语影响力非常需要话语上的差别化处理。而在目前为数不多的关于"文"与"质"的外译实践中,即便是由中国学者主导的跨语话语实践,似乎也缺乏相应的话语敏感性。如在 Wang 和 Fan (1999)这篇介绍中国翻译史的英文文章中,作者并没有明确指出"文"与"质"的概念,而是在关于译经史的论述中用了 literal translation 和 free translation 这两个术语。作者写道:

An Shi-gao, Zhi-chen (active between 178 and 189), and other early translators favoured literal translations. … Dao An felt that one of the greatest weaknesses of free translation, translating only the meaning of the sutra. (Wang & Fan 1999:8)

某种意义上,话语敏感性的缺失也助推着中西对应这样一种简单化话语叙事方式的延续。这种情况下,"文"与"质"的对外传播效果自然也是乏善可陈。例如,在 *Encyclopedia of Translation Studies*(2009)收录的"Chinese Tradition"这一条目中,"Translation of Buddhist scriptures"这一部分并没有明确介绍"文"与"质"这两个概念,而是专注于翻译方法相关的讨论。原文如下:

Generally speaking, translations produced in the first phase were word-for-word renderings adhering closely to source-language syntax. … The second phase saw an obvious swing towards what many contemporary Chinese scholars call yiyi (free translation, for lack of a better term). … During the third phase, the approach to translation was to a great extent dominated by Xuan Zang, who had an excellent command of both Sankrit and Chinese, and who advocated that attention should be paid to the style of the original text: literary polishing was not to be applied to simple and plain source texts. (Baker & Saldanha 2009:372)

显然,这种话语方式传达出的译经信息实际上是不完整的,极易造成抹杀中西差异乃至引起话语身份不明的不良影响。近年来,上述概念本质的错位问题已引起学界的关注,不少研究立足于中国翻译史对"文"与"质"的概念内涵做了翔实的分析(如朱志瑜 1998;王宏印、吕洁 2002;王宏印 2003;赵巍、石春让 2009;汪东萍、傅勇林

2010a,2010b；汪东萍 2012；等等）。这些研究代表着相关研究视角的转变。如果说前述的"反向格义"是从"意译"与"直译"出发来阐释"文"与"质"，这些研究则意味着我们开始站在"文"与"质"的本体立场来思考这一传统译学话语的本有价值问题。这无疑是对"文"与"质"之话语转型的一种推动。通过这些研究，"文"与"质"作为翻译风格术语而非纯粹译法术语的概念特征逐渐明确下来。

以翻译史为核心叙事逻辑的探讨能够为中国传统译学话语的转型构建奠定坚实的基础，这一点毋庸置疑。但对于实现差异认同与价值共现的话语构建目标来说，这种研究方法显然还有一定的局限性。在翻译实践中，"文"与"质"常用于说明梵汉语言特点与翻译风格，这已是基本共识，但不能因此而直接将文质论界定为翻译文体论或翻译风格论。我们知道，中国传统译学话语体系不具备源生性，是依托中国传统人文话语发展起来的，"文"与"质"这一对传统译学核心术语具有深厚的哲学伦理学渊源。"文质二词最早见于《论语》和《礼记》。……魏晋以来，释家传译佛典，转梵言为汉语，要求译文忠实而雅驯，广泛地提到文质关系问题，开始把这一对概念引进了翻译理论。"（王元化 1979：57—58）"文"与"质"之所以能够演化成为中国传统译学术语，其实首先经历了从哲学领域到译学领域的"翻译"对等过程。因此，我们需要关注的不应仅仅是"文"与"质"该如何外译的技术性问题，而是如何通过"文"与"质"的外译研究来促进相关译学话语的转型构建。这就需要深入"文"与"质"所在的话语系统，以术语的知识属性和话语功能为线索，继续追问，在佛经译学话语中，"文"与"质"的概念系统性如何？其概念系统是如何生发的？这种概念系统的生发又蕴含着何种译学思维？这些问题以"文"与"质"这两个术语为线索，层层深入，涵盖了文质论整个生发过程中的事实逻辑与价值逻辑，与此同时，这也将是"文"与"质"由传统到现代的"翻译"过程。

5.1.1　"文"与"质"的事实逻辑重塑

"文"与"质"作为核心译论术语,频繁出现于《高僧传》《续高僧传》《出三藏记》《大唐西域记》等佛籍文献。对其概念系统性的深入研究需要借助全面的文献与史料收集以及精深的文本分析。本章节旨在方法论意义上展开理论探索,鉴于此,我们暂依托于罗新璋和陈应年的《翻译论集》(2009)与朱志瑜和朱晓农的《中国佛籍译论选辑评注》(2006)这两部公认的权威性代表成果,根据其所收录的译经时期有关翻译的文论,摘录其中包含文质概念的话语片段,构建一个以"文一质"为主题的微型话语素材库①。为方便呈现,我们在此借助软件 Protégé 4.1 的可视化功能,尝试将这一话语素材库的构建结果呈现出来(图 5.1)。

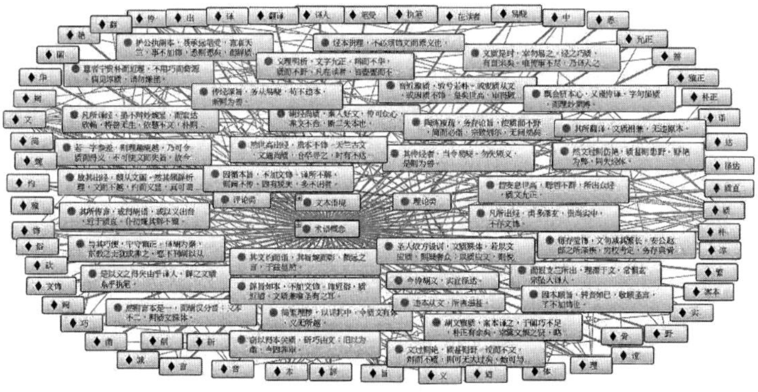

图 5.1　文质论话语素材库示意图

---

①　在收集话语素材时,我们根据朱志瑜、朱晓农(2006)的分类方法,按照理论类与评论类这两种话语类型分别展开收集工作。目前收集到的话语素材字数累计 2040。详见附录二。

不难发现，在这些"文"与"质"相关的话语片段中，已经浮现出一个较为完备的译学术语概念体系。如"出""翻""传"等是关于翻译活动的名称表述，翻译活动则包含了"译人""笔受""在读者"等主体，翻译实践中涉及"言""音""辞""旨""义""体"等本体要素以及"凿""斫""削""径达"等翻译方法，"易晓""悉""中""允正""善""诣""达""越"等术语指代的是最终的翻译效果，与之紧密关联的是一批翻译风格相关的术语，如"野""艳""丽""朴""实"等，它们共同构成了佛经译论中的批评性话语。显然，这一术语体系已经较为全面地涵盖了整个翻译活动过程。鉴于可视化呈现的局限性，我们可以根据翻译活动的构成要素，对这一话语素材库所包含的译学术语概念进一步分类展示，结果如表 5.1 所示。

表 5.1　文质论话语体系中的术语系统

翻译活动要素	译学术语概念
文本要素	辞、音、意、味、旨、宗、义、理、体、言
翻译主体	在读者、疑者、悦者、译人、笔受
文体特征及其批评	文、质、质直、雅正、繁（烦）、淳、实、野、朴、说、本、悉、骨、雅质、朴正、文饰、饰异、简、雅、华、艳、绮、辩、婉、巧、约、趣、巧便、丽巧、允正、厥中、正、善、诣、无间然、彰、易晓、达、文质兼、文质彬彬、文质恢恢、文质参半、文质相兼、文质相半
翻译方法	因本、顺旨、转音、出音、径达、案本、曲、加饰、缀、削、删、斫、阙、减

这种术语体系的相对完备性表明，文质论是佛经译学话语体系的核心。这其中，"文"与"质"的核心价值不仅仅在于其出现频率之高，更在于二者的译学话语构建作用。可以说，正是"文"与"质"的

跨域应用,促进了佛经译论话语的系统构建,催生出中国传统译学话语的雏形。

从表 5.1 中可以看到,在由"文"与"质"串联构建的译学话语中,翻译批评相关术语表达构成了其主体部分。这些翻译批评术语并非专属于译学话语,而是为衍生于中国传统文论的画论、书论等话语群落所共用。例如,在传统书论、画论中,"质直""丽""艳""朴"等常用于形容笔法[①];又如,"'骨'是'质'的概念具象化"(陈良运 2001:183),"魏晋时人物画兴起,'骨'在画论中被作为一个重要的审美观念加以引用"(同上,185),并日渐发展成为画论与书论中代指"质"的常用批评术语[②];再如,"华"与"实"常以类似于"文"与"质"的概念对举的形式出现于画论中,通常与"巧""辩"等概念连用[③]。相关例证不一而足。我们知道,中国传统文论话语具有审美-艺术思维方式观照下的美感意蕴,"具有一定的情感性、意象性、虚涵性,这也就使传统文学理论批评中的许多涉及艺术审美活动及美感经验的术语、命题、概念、范畴本身即审美化、艺术化,耐人咀嚼寻味"(党圣元

---

① 例如,《书谱》(唐·孙过庭):"质直者则劲挺不遒。"《山水纯全集·论林木》(宋·韩拙):"故林木要看木贵高乔苍逸健硬,笔迹坚重,或质或丽,以笔迹欲断而复续也。"《宋朝名画评》(宋·刘道醇):"勾龙爽笔力飘逸,多从质野。陈用志所为,虽至小僻,曲尽其妙。"《书法雅言》(明·项穆):"庄质者,盖嫌鲁朴;流丽者,复过浮华。"《书指》(明·汤临初):"书贵质,不贵工;贵澹,不贵艳;贵自然,不贵作意。"《大书长语》(明·费瀛):"提飞要有左顾右盼之意,质直则无情致。"

② 例如,《中山静居画论》(清·方薰):"其画气清质实,骨苍神腴。"《笔法记》(五代·荆浩):"凡笔有四势:谓筋、肉、骨、气。"《用笔赋》(东晋·王羲之):"藏骨抱筋,含文包质。"

③ 例如,《笔法记》(五代·荆浩):"巧者,雕缀小媚,假合大经,强写文章,增邈气象。此谓实不足而华有余。"《笔法记》(五代·荆浩):"画者,画也,度物象而取其真。物之华,取其华;物之实,取其实,不可执华为实。"《刘子·言苑》(北齐·刘昼):"画以摹形,故先质后文;言以写情,故先实后辩。无质而文,则画非形也;不实而辩,则言非情也。"《山水纯全集》(宋·韩拙撰):"且善究其画山水之理者也,当守其实,其实不足,当去弃其华笔,而华有余。实为质干也,华为华藻也。质干本乎自然,华藻出于乎人事。实为本也,华为末也。"《芥舟学画编·论山水》(清·沈宗骞):"且华之用为巧,巧而纤,则日远于大方;巧而奇,必轻视乎正格。"

1997：20）。在其发展过程中，文质论对这些术语的借用，同时也把那份中国传统文论特有的美感移植了过来，从整体上"反映出一种非常独特的读经与评经态度"（张佩瑶 2008：8）。

在文质论话语体系中，这些文论术语并不是随意分布，而是有规律地靠拢在"文"与"质"的概念场域中，形成话语聚类现象，构成了文质论话语的拓扑空间。根据文质概念的应用语境，我们可以将其话语聚类情况进行大致梳理，如图 5.2 所示。

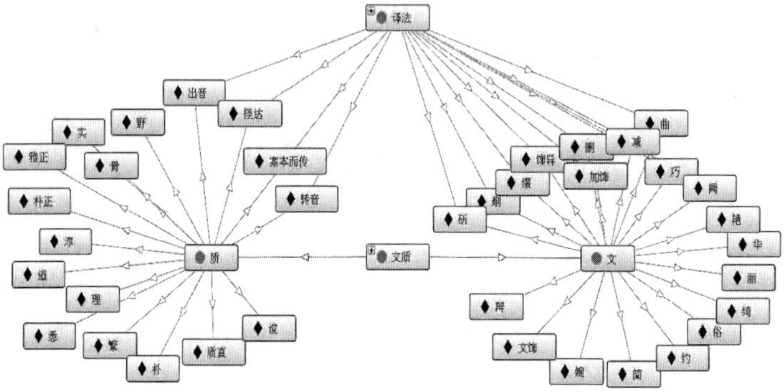

图 5.2　基于核心术语的文质论话语聚类示意图

文质论的话语聚类特征是以"文"与"质"为核心体现出来的。其中，"华""丽""绮"等常用于表现译经之"文"，如"故其出经,颇从文丽""然翻译之事殊难,不可存于华绮。……乃可令质而得义,不可使文而失旨"。而"朴""淳""繁"等常用于修饰"质"，如"音近雅质,敦兮若朴""傥见淳质,请勿嫌怪"等。也正是借助"文"与"质"的话语聚类功能，这些"诗话式批评"（刘华文 2011）术语在彼此之间建立概念关联，形成了文质论话语底层的语义联想网络（a network of semantic resonance）（Cheung 2014：10）。其中有近义概念的共现，如

"朴"与"淳","本"与"实","华"与"绮""丽"等,还有概念的对举,如"华"与"实","繁"与"简","辩"与"谠"等。这种基于语境形成的概念关联也构筑了"文"与"质"在译经话语中的拓扑空间,"文"与"质"的概念含义分别借助其邻域概念予以呈现。至此不难发现,伴随着从哲学向译学的拓扑转换,"文"与"质"完成了由道德伦理范畴向翻译批评范畴的嬗变。"至东晋道安,以'文''质'论修辞已不再是偶然为之,而是已经定型为专门的批评术语。后来的翻译文体讨论的参加者,在论及修辞时,也都尊此为范式。"(李永红、金瑾英 2011:259)在译经实践中,作为批评术语的"文"与"质"分别对应于不同的翻译方法指称。如"径达""案本而传""转音"等译法是为了达到质的效果,而"删""加饰""缀"等译法往往与文相应。

　　综上,严格地讲,"文"与"质"的概念直径要远超过我们现在常讲的直译与意译。认识到这一点,对于"文"与"质"翻译对等实践中译名的选择问题显然会有所帮助。这一方面,Cheung(2014)已经做了极具参考价值的示范。Cheung 根据不同语境需要,对"文"与"质"采用了厚翻译的处理方法,其中,"文"对应的译名有 literary patterning、literary refinement、refine、refined、refinement,"质"对应的译名有 unhewn、plainness、simple、substance、rough-hewn。这种做法能够在话语形式上有效避免同直译与意译的混淆,值得在"文"与"质"的对外传播实践中进一步推广。

　　佛经译学话语的聚类现象体现了"文"与"质"这一对核心译学术语的"全息性"(汪涌豪 2007:84)。对于中国传统文论而言,全息性"即一个范畴就是一个缩微系统"(同上)。"文"与"质"在佛经译学话语构建实践中,也呈现出了这一特点,这也是文质论之系统性的根源所在。此外,值得注意的是,文质论的话语系统性不仅体现为"文"与"质"这两个术语概念各自的全息性,关键还在于二者的辩证关系这一深层构建逻辑上。"文"与"质"的聚类现象并非意味着二者的对立。关于这一点，我们可以从译经实践中得到验证。例如，道安向来被视为"质派"的代表，但他倡导适时的"失本"，如"胡经尚质，秦人好文，传可众心，非文不合"。相反，一向被归为"文派"的鸠摩罗什，却时常采取音译这一通常被视为质派作风的译法，"不可变者，即而书之，是以异名斌然，胡音殆半"，甚至在重译经书时，会"把支谦意译的术语改为音译"（朱志瑜 1998：106）。可见，"文"与"质"是翻译实践理性形成中缺一不可的整体。文质论的话语系统性既需要以"文"与"质"的全息性为根基，又离不开"文"与"质"之间这种辩证逻辑的运作。所谓辩证逻辑，即"把概念看作辩证思维的基本逻辑形式，判断和推理不过是概念的内在矛盾的分化和展开"（傅季重序，彭漪涟 1991：序 1）。也就是说，"文"与"质"遵循着"在对立面的统一中把握对立面"这样一个认识规律，在看似对立的概念形式之下，实则内含有"和合会通处"。

从学术模因遗传与表达的角度来看，文与质的这种既对立又统一的关系其实是遗传了中国传统哲学话语中常见的对待立义关系。"所谓对待性，即两两相对，缺一不可"（夏静 2010：30），"所谓立义性，即两归一的特质，于相反相成中烘托出整体性"（同上，31）。我们经常引用《论语·雍也》中的"质胜文则野，文胜质则史，文质彬彬，然后君子"这句话来标明"文"与"质"的出处，实际上，这句话同样是"文"与"质"之辩证性本质关联的始源。更为重要的是，它强调在"文"与"质"的辩证动态中达到一种"文质彬彬"的中和状态。在这一原始语境中，"文"与"质"被赋予了浓厚的伦理色彩。我们知道，在中国学术传统中，"我国以儒家为伦理学之大宗。而儒家，则一切精神界科学，悉以伦理为范围"（蔡元培 2010：4）。在儒家伦理道德哲学中，"'文'和'质'的统一，也就是'美'与'善'的统一"（叶朗

1985:47)。这个意义上,儒家的文质论传达的是一种伦理观,它对中国传统史论①、文论②、诗论③、书论④,乃至画论⑤都产生了十分深远的影响。同样地,在由哲学伦理学话语向译学话语的拓扑转换中,这种本体意义上的辩证关联作为一种稳定的拓扑性质,也为译学术语"文"与"质"的话语实践定下了基调。表 5.1 所示的术语概念如"允正""厥中""文质恢恢""文质参半""文质相兼"等均表明了译学"文质论"向其话语母体哲学"文质论"靠拢的倾向。因此,译学"文质论"不仅关乎语言转换问题,其中还蕴含着辩证哲学的思维,这一点显然"与我国的诗、文、书、画论中的哲学-美学思想是吻合的,体现出中华民族贵信、贵和、贵含蓄的美学特点"(张柏然、张思洁1997:29)。

---

①　例如,《三国志·魏书·夏侯玄传》(西晋·陈寿):"文质之更用,犹四时之迭兴也……文质之宜,取其中则,以为礼度。"《史记·平准书》(西汉·司马迁):"物盛则衰,时极而转,一质一文,终始之变。"《春秋繁露》(西汉·董仲舒):"质文代变,文质互救。"《礼记·表记》:"虞夏之文,不胜其质;殷周之质,不胜其文;文质得中,岂易言哉。"

②　例如,《文赋》(晋·陆机):"理扶质以立干,文垂条而结繁。"《答荆南裴尚书论文书》(唐·柳冕):"语曰:'文质彬彬,然后君子'。兼之者,斯为美矣。"《隋书·文学传序》(唐·魏徵):"则文质彬彬,尽善尽美矣。"《文心雕龙·通变》(南梁·刘勰):"斯斟酌乎质文之间,而隐括乎雅俗之际,可与言通变矣。"《文心雕龙·情采》(南梁·刘勰):"夫水性虚而沦猗结,木体实而花萼振:文附质也。虎豹无文,则鞟同犬羊,犀兕有皮,而色资丹漆:质待文也。"《文心雕龙·情采》(南梁·刘勰):"使文不灭质,博不溺心,正采耀乎朱蓝,间色屏于红紫,乃可谓雕琢其章,彬彬君子矣。"

③　例如,《答湘东王求文集及诗苑英华书》(梁·肖统):"能丽而不浮,典而不野,文质彬彬,有君子之致,吾尝欲为,但恨未逮耳!"《诗品》(南朝·钟嵘):"情兼雅怨,体被文质。繁约得正,华实相胜,唇吻不滞,则中律矣。"

④　例如,《六体书论》(唐·张怀瑾):"质者如经,文者如纬。"《二字诀》(唐·李华):"大抵字不可拙,不可巧,不可今,不可古,华质相半可也。"《书法雅言》(明·项穆):"圆而且方,方而复圆,正能含奇,奇不失正,会于中和,斯为美。"《书法雅言》(明·项穆):"宣圣曰:'文质彬彬,然后君子。'孙过庭云:'古乃乖时,今不同弊'。审斯二语,与世推移,规矩从心,中和为的。当汉末至此百年,今古相际,文质斑斓,当为今隶之极盛矣。"《书概》(清·刘熙载):"书以笔为质,以墨为文。凡物之文见乎外者,无不以质有其内也。"

⑤　例如,《刘子·言苑》(北齐·刘昼):"画以摹形,故先质后文;言以写情,故先实后辩。无质而文,则画非形也;不实而辩,则言非情也。"《历代名画记·论名价品第》(唐·张彦远):"上古质略,徒有其名,画之踪迹,不可具见。中古妍质相参,世之所重,如顾、陆之迹,人间切要。"

回望译经实践的历时发展轨迹，实际上，每一个阶段都有其各自的"文质彬彬"的具体表现。只不过，由于实践语境的变迁以及主体认识的发展，当将不同时代的译经情况做比较时，往往会显现出或尚质，或崇文的特点。真正意义上的文质之争，其价值应该在于翻译实践思维的辩证过程，而非翻译标准的抉择。若一味拘泥于翻译史的视角，强调"崇质—尚文—文质并重"这样一个历时发展逻辑，则非常容易陷入质派与文派的分野之争，而难以传达文质论蕴含的辩证译学思维。而"文"与"质"的这种共时性存在本质恰恰是文质论转型构建中需要呈现出来的概念复杂性。从这个角度来看，在"文"与"质"的外向型翻译实践当中，在传达其翻译批评色彩的同时，或应进一步强调其概念整体性，就像"信-达-雅"的译介那样，在翻译中构建起"文-质"这一差异化话语标识。

5.1.2 "文"与"质"的价值逻辑重塑

至此，我们通过探究"文"与"质"这一对术语的全息性与辩证性，呈现了文质论话语体系生发的事实逻辑。而"作为哲学思维工具的逻辑应该是事实逻辑（'科学逻辑'）和价值逻辑相统一的辩证逻辑"（张书琛 2006：124）。如前文所述，中国传统译学话语的转型构建不仅仅在于廓清事实逻辑，其中的价值逻辑如何同样予以探究。这一方面，上文关于"文"与"质"的全息性探讨实际上已经能够反映出文质论作为翻译批评话语的价值逻辑。接下来，深入思考"文"与"质"的辩证性或许能够带来新启发。通过上述分析可以发现，"文"与"质"在从哲学伦理学到译学的跨域转换过程中，一方面保留着概念传递的拓扑稳定性，另一方面又历经着译学话语中的再语境化与概念嬗变。与此同时，"文"与"质"原有的伦理色彩在译学语境中也彰显出独特的译论价值，"文"与"质"的辩证关系中其实蕴藏着翻译伦理学的普适译学思维,值得进一步阐发。

何谓伦理?"宇宙内人群相待相倚之生活关系曰伦;人群生活关系中范定行为之道德曰伦理。"(黄建中 1998:18)可见,广义而言,伦理是对关系的描述与规约。而翻译本身就是一个置身于主客双方语言文化关系之中的活动。可以说,"伦理性是翻译的一个本质属性"(王大智 2012:157)。相应地,"翻译伦理就是翻译行为事实如何的规律以及翻译行为应该如何的规范"(同上,10)。在译经实践中,"文"与"质"的辩证张力是在不断变化的,这种变化的根源就在于翻译伦理的制约作用,这在宏观、中观与微观三个层面有系统的体现。

首先,在宏观层面,佛经翻译是一项涉及思想、政治与社会等多重维度的跨文化活动。在此期间,中国本土思想格局在佛学话语影响力的累积效应下历经着一个重构的过程。中国古代政权对于汉译佛经的态度也因时因地而异。同时,佛学传播历时过程中的受众层次、类型与普及度也在不断发生变化。"文"与"质"的内涵演变及其竞争动态因而会在整体上受制外界施加的多方面文化因素的综合影响。例如,鸠摩罗什的文派译风能够引起广泛的接受,其根本原因在于迎合了六朝时期佛教中国化的历史大趋势。(蒋哲杰 2015:69)又如,文质论的深入发展以及实践层面上由"近于质直"到"文质相兼"这一演化轨迹同佛经合译制度的不断完善是分不开的。再如,支谦曾言:"以季世尚文,时好简约,故其出经,颇从文丽。"这说明,受众群体的喜好往往对于译经风格的选择有关键影响。总之,"文"与"质"的辩证张力是在复杂的社会文化伦理场域中展现出来的。蒋哲杰(2015)曾将文质之争解读为"东西之争""古今之争""雅俗之争"与"人神之争"。这其实也是对其背后宏观伦理制约的一个总结。

其次,在中观层面,佛经翻译是跨语系翻译实践,梵汉语言之间的异质性差异是翻译实践操作层面的首要难题。支谦曰:"名物不同,传实不易。"慧远曰:"方言殊韵,难以曲尽。"梵汉差异带来的困扰可以说贯穿了译经始末。这个层面上的文与质更多是就梵汉语言本身而言的。译者对于梵汉语言的认识将直接影响到翻译实践中的风格。例如,道安认为:"胡经尚质,秦人好文。"而鸠摩罗什则指出:"天竺国僧,甚重文制。"这种语言文质观的差异也导致二者在译经实践中对文与质的取舍倾向迥然不同。随着佛学中国化的推进,佛经汉语日益壮大,大量的新词以无痕的方式融入汉语语言文字体系中,汉语语文生态的变化也会再次带动文质审美倾向的演变。这个意义上,文质论是基于梵汉语言实践差异的产物,它不同于忠实论这种西方传统翻译伦理观,而是代表了涉及远距离语言对的特殊类型翻译语境下的翻译伦理观。

最后,在微观层面,"文"与"质"指代的是由遣词造句带来的具体翻译风格,这其中,译者的个人学识与语言修养起着决定性的作用。例如,天竺僧人竺将炎"虽善天竺语,未备晓汉",结果是,"其所传言,或得胡语,或以义出音,近于质直"。而鸠摩罗什与玄奘则代表另一种情况。鸠摩罗什"深通梵语,兼娴汉言"(梁启超 2006:238),关于他的翻译,"其文约而诣,其旨婉而彰,微远之言,于兹显然"①。玄奘作为中国本土第一位精通天竺各种方言的译师,"其所翻译,文质相兼,无违原本"②。这两位译经大师的译经活动甚至造就了古译、旧译与新译的译经史分期。由此看来,在文本层面,翻译的文质效果直接受制于译者的"态度",即译者主体"在心理上赞成

---

① 语出《注维摩诘经序》。
② 语出《大唐大慈恩寺三藏法师传》。

或反对的倾向。它可以包括意图、愿望、渴求、爱好等多种复杂感情"(吕俊 2001:274)。

之所以要同时强调传统译学话语的事实逻辑与价值逻辑,其原因在于,传统译论的转型构建不是单纯的返回传统,而是在合理认识传统话语之本质的基础上,尝试完成从传统到现代的"穿越",从"话语"向"译论"的靠拢,从而在真正意义上实现"传统理论成果内在精神价值的转化"(杨自俭 2003:序 4),为其理论价值的再应用铺路。就本研究关注的文质论而言,在古人那里,也许并没有形成一套完整的文质论体系,但在转型构建中,我们完全可以从那些包含文质概念的零碎话语片段中发掘其概念系统性,并提炼出翻译批评美学与翻译伦理相关的普适性译学思维,这就为其在现代译学话语实践中的应用与深入发展提供了可能性。在构建路径方面,我们是从"文"与"质"这一对核心术语的概念系统出发,明晰其由哲学到译学的拓扑转换过程,以及在这其中形成的与中国传统文艺美学话语相交融的状态,并通过"文"与"质"的全息性与辩证性阐发了文质论所蕴含的翻译批评与翻译伦理的双重话语特色。这其实也初步实现了"文"与"质"这一对术语概念由古至今的翻译对等实践,而这正是在二者的对外翻译实践中践行差异性对等,构建中国话语身份的核心步骤。

如前所述,中国当代译学话语中出现的关于"文"与"质"的"反向格义",并不是个案现象,它其实反映了中国译学现代化进程中一个普遍存在的译学伦理问题。在宏观层面,学界往往按照西方译学范式的演进规律将中国传统译学话语归为语文学研究范式。不可否认,西方译学的发展规律有一定的借鉴意义,但若奉之以标准,使之作为衡量中国传统译学话语品格的唯一尺度,则似乎难以触及中国传统译学话语的原创特质。相应地,微观层面则表现为中西译学概念的对译。以西释中的模式甚至发展成为一种集体无意识的话语习惯。例如，在《中国译学大辞典》中，关于"信达雅"的释义有这样的表述："严复的'信'是指忠实于原文的意义，'达'是指译文通达。"（方梦之 2011a：72）这一释义清楚地介绍了"信"与"达"的表层语义，就其深层次的概念内涵与理论思维仍有深入阐释的空间。从中国传统译学话语体系的本体特征出发，"信"这一概念还蕴藏着中国传统翻译伦理观，具体而言，"'信'乃隶属于'诚'，是译者所追求的翻译修养理想（张思洁 2006：278）"，"'信'来自《周易》的'修辞立其诚'，讲的是为人做学问或者说话写文章的'诚信'问题，这是关于作文者的人品和道德的要求"（潘文国 2012：5）。而"达"则带有翻译美学的意味，这方面在钱钟书的译论中有显著体现。钱钟书将"达"这一概念释为美学意义上的"不隔"，他认为，"翻译学里的'达'的标准推广到一切艺术便变成了美学上所谓的'传达'说（theory of communication）——作者把所感受的经验、所认识的价值、所运用的文字、或其他媒介物来传达给读者"（转引自蔡新乐 2005：568）。因此，将"信"与"达"分别对等为"忠实"与"通达"来理解显然是过于简单化的释义方式。与此同时，对于那些无法在西方译学话语体系中直接找到对等词的中国传统译学概念，深入而系统的理论与应用研究则屈指可数，如"正译""善译"等等。总之，中国传统译学话语的转型构建可谓任重而道远。

知识原创性是理论话语的生命得以延伸、其影响力得以持续的根本。中国传统译论转型构建的目的，正是要挖掘其知识内核，使传统翻译思想能够活用于当代学术语境之中。在这一知识生产与知识传承过程中，作为基础话语单元的译学术语是一个关键因素。中国传统核心译学术语是典型的"厚概念"。一方面，传统译论生发的人文渊源赋予了这些术语概念特有的历史厚度；另一方面，以这些术语为中心,往往能够辐射出一套译学概念体系,从而构成传统译学话语底层知识网络。深度理解传统译学术语的概念史及其概念体系是激发传统译论生命力的必要前提。换言之,传统译学话语的转型需要以术语重塑实践为基础。从术语出发,是传统译学话语构建的必由之路。

在现阶段,如本文关注到的译学术语"文"与"质"此前的生存状况所反映的那样,不少中国传统译学术语仍被束缚在以西释中的认知框架中,如将"信"简单释为"忠实",将"达"释为"通达"等。与此同时,那些不易在西方译学话语体系中直接找到对等词的传统译学概念,关于它们的系统探讨十分欠缺。中国传统译学术语亟待一场知识重塑实践。对此,上文有关"文"与"质"术语概念的知识溯源与梳理能够带来方法路径上的启示。

首先,对于大多核心传统译学术语,需要从概念史的视角予以深度理解。译学术语是译学话语生发的"记忆基质"。从本文对译学文质论话语的探讨中可以看到,译学术语"文"与"质"的概念可追溯至中国传统人文思想。追溯其概念史的过程其实也是明晰译学文质论话语的缘起、定位其精神内核的过程。需要说明的是,此个案所反映出的译学概念上的历史勾连现象并非特例,而是中国传统译论的共性表征。整体而言,"中国译学的传统,其形成的根本在于中国传统译论的产生与发展始终是浸润在中国古典哲学、美学与文论的丰富思想资源之中的,有着同根同源的理论基础"(魏向清2008:51)。这种理论话语根基的同质性会在译学概念上留下印记,使得这些译学术语能够跨越时空,同传统人文思想中的相关范畴保持着概念互文性。对于这种具有历史性与互文性的译学厚概念,需要以历史发展的眼光捕捉其中蕴含的译学知识内核。潘文国(2012)提出要顺着传统文章学理路,回溯中国译学话语的源与流,也正是这一话语构建路径的体现。这种概念史向度上的传统译学话语构建路径值得推广。例如,经典译论"神似说"的话语构建便会涉及"神"这一核心术语的概念史梳理。在中国传统译学史上,"神"这一概念源远流长,在进入翻译语境之前,其实经历了一个由画论拓延至文论,最终再融入译论的过程"(王秉钦、王颉 2009：261-262)。而在传统译学话语中,"神"这一概念早期见于由魏象乾提出的"传神"这一翻译步骤,在现代化转型时期的文学翻译大讨论中,又散见于诸多译论中,如林纾的"神会、步境、怡神",曾虚白"感应论"中的"神韵"与"达",陈西滢的"形似-意似-神似"境界、茅盾的"神韵-形貌"、傅雷的"神似-形似"、林语堂的"字神句气"与"五美"论(即音美、意美、神美、气美、形美),等等。伴随着"神"这一概念在不同时空中的传递,"神似说"这一译学话语也在不断丰富。鉴于此,要构建"神似说"译学话语,就需要深入至这一概念史,分析概念"神"在不同领域与学说中的应用情境,萃取其中的译学审美内涵。

其次,从传统译学术语的应用特点来看,核心译学术语往往也是译论概念体系的中心,基于核心译学术语析出这一概念网络,进而明晰相关译论话语体系结构是另一个不可或缺的步骤。核心译学术语作为表征传统译学知识的关键节点,其概念义的完整表达需要借助其邻域概念元素的"配合"来完成。就本研究关注的文质论而言,如前文所述,在古人那里,并没有自主形成一套完备的文质论理论体系,但我们完全可以从那些包含文质概念的零碎话语片段中,发掘出隐含其中的概念体系,从而为进一步阐明文质论的翻译批评话语特征提供依据。在现阶段的传统译学话语构建研究中,相关成果已经对传统译学术语资源予以不同程度的梳理,然相较而言,译学概念体系化相关的话语构建工作仍有待加强。同样以核心译学术语"神"为例,在《繙清说》中,概念"意""辞""气"同"神"构成了邻域关系,整体上呈现出一个"了意—完辞—顺气—传神"的翻译过程。而当这一概念转移至新的译学话语情景中时,又会通过重组邻域概念,形成新的知识语境与认知方式,如在林语堂先生的"五美"论中,"神"又处于一个由"音—意—神—气—形"共同搭建的全新邻域关系当中。这种情况下,基于核心译学术语"神"明晰其邻域概念,组建以"神"引领的译学概念网络,势必将对"神似说"译学话语的进一步完善有所助益。

传统译学话语构建不是单纯地返回传统,而是在合理认识其话语生发事实的基础上,进一步提炼出蕴含其中的理论思维与普适价值,以推动译学话语从传统到现代的"穿越",从"话语"向"译论"的靠拢。这也就意味着,术语重塑不单是针对术语本身的微观研究。正如本文在重塑译学术语"文"与"质"过程中,同时还尝试阐发文质论的伦理性与批评性这一双重话语特色,术语重塑还是一个以术语知识为线索,对译论自身的理论价值进行批评与反思的阐释实践。

5.2 中国当代译学术语的系统创制与传播

王秉钦、王颉(2009:18)曾指出:"关于中国传统翻译思想,这里'传统'不是一般的时间性概念,而是相对于'现代'的方法论概念。"实际上,上文通过发掘文质论译学话语中的事实逻辑与价值逻辑,已经能够初步说明传统译学话语在方法论意义上的特殊性。从中不难发现,中国传统译学是名副其实的跨学科话语实践,它不断从哲学、美学等其他相关领域汲取话语元素,其中就包括术语概念的借用与适应性改造,上文初步分析的核心术语"文"与"质"及其应用情况便是有力说明。

而在当代译学研究领域,随着研究视域的多元化,跨学科研究已经成为当代译学深入发展所依赖的核心范式，译学话语的创新已离不开跨学科术语的借用及其在译学情境下的再语境化。被视为当代译学创生标志的 equivalence 便能说明这一点。众所周知，equivalence 具有数学科学、逻辑科学以及物理科学的概念渊源，而用于译学研究时，它带来了谱系化的话语构建效应，这本身就是一次跨域跨时空的术语使用与话语生发实践。伴随着翻译研究的文化转向，译学研究的跨学科本质得到了进一步展现。跨学科术语所涉及的学科范围随之明显扩张，学术模因跨域借用的现象也急剧增加，产生了一批代表着译学话语原创性的新术语，如"翻译暴力""翻译场域""翻译模因"等等。一定意义上，这种极具开放性的译学话语创新构建逻辑也为当代译学话语权力格局的重塑带来了可能。地缘性译学话语的影响力很大程度上取决于其在当代跨学科研究范式中话语创新与对外传播的能力。

据前文基于图 4.1 所做的初步分析，在中国当代译学语境下，我们在继续分享西方译学学术成果的同时，本土译学话语创新意识也明显得到提升。其中，"生态翻译学"这一关键词的出现便是一个显著标志。作为"开发本土学术资源的一面旗帜"（许钧序，胡庚申2013：ix），生态译学自 2001 年创建以来一直备受关注。生态译学的创新性在于，它尝试从生态理性这一跨学科视角对翻译活动的实践系统性与人本特征进行隐喻化描写与构建。经过 10 多年的不断深化拓展，生态译学已经"有了自己的理论话语体系"（同上，xvii），或更准确地讲，是已经形成了一套较能完整呈现其话语构建逻辑的术语系统。生态隐喻思维之所以能够在译学领域展现出它的话语活性，并生发出生态译学的理论生命力，很大程度上就源于相关术语概念跨域借用与应用机制。与此同时，生态译学在国际译学界也产生了一定的影响力。例如，House（2015：27）、House（2017：132－133）

等均对生态译学做过简要介绍。但正如 Chesterman（2016）提到的那样[①]，相比于国内的情况，国际视野下生态译学本体理论与应用研究规模似乎仍比较有限。这同生态译学术语对外传播实践中目前存在的问题不无关系。整体而言，生态译学的话语构建是中国当代译学话语实践中的一次创新尝试，可以作为中国当代译学话语创新构建研究中的一个素材。鉴于此，我们不妨从术语系统与传播的视角对生态译学话语实践展开批评性反思，明晰其当前面临的问题以及相应的解决路径，以期以此为例为中国当代译学话语创新构建实践带来有益启示。

5.2.1　生态译学术语系统的创制

生态译学理论话语体系的形成及应用实践的系统开展都离不开生态译学术语的构建作用。生态译学术语系统的形成首先得益于术语概念从生态学及其相关领域向译学的拓扑转换，这其实也是生态译学理论话语体系得以创生的基础。实际上，在《生态译学：构建与诠释》(2013)这本标志着生态译学理论话语身份正式确立的专著中，生态译学术语的系统性已有较为全面的呈现。作为对生态译学的思考集成，该著作在其附录页专门设有"生态译学主要术语中英对照表"。这为进一步以术语的跨域应用为路径探索生态译学理论话语体系的形成提供了宝贵的基础资源。

经初步观察发现，在统计的 50 个术语中[②]，有 37 个术语带有生

[①]　原文为："At the time of writing, it is not yet so widely known in the West, although there have been five international symposia on this approach to date."(Chesterman 2016:14)

[②]　见本书附录三。

态学与生物学学科的显性话语标记①,占对照表中所列术语总数的74%。这一比重直观体现了生态理性对于生态译学话语体系的深刻影响。如果我们进一步对这37个术语的概念构成进行分析,就会发现两大术语类型。一种是直接从生态学或生物学领域中移植过来的跨学科术语,如"生态平衡""适者生存""多元共生""适应性选择"等。在这一跨学科"翻译"过程中,其概念外延在翻译研究这一特定知识语境下也发生了适应性与选择性变化。这一术语集合是相关术语概念跨域应用过程初始阶段的产物,它们反映了生态理性之于翻译活动的本质适用性与解释力,同时也为推动术语跨域应用实践的深入开展、实现文理话语跨学科交互与交融奠定了基础。另一种类型的生态译学术语是通过跨学科话语元素组合形成的复合型译学术语。在这一类复合型术语集合中,生态理性同普通翻译学的话语标记同时得以显化,如"翻译生态环境""文本生态""翻译链""文本移植""原语生态""译者生存""译本生命",等等。随着术语概念跨域应用实践的深化,翻译活动与自然生态的同构性开始发展成为一个概念隐喻命题,生态理性作为一种译学思维逐渐发挥出话语生发的功能。相应地,在话语层面上,除了话语元素组合这种显性话语创新方式之外,这一深层次的隐喻机制还进一步衍生出一批的全新译学概念,如"多维整合""事后追惩""译有所为",等等。在这些新生术语集合中,生态学或生物学等源域知识的话语痕迹几乎或完全隐性化了,但依旧保留着生态理性的概念特征。在上述统计的50个生态译学术语中,此类新生术语共计13个。这也标志着术语跨域

---

① 学科分类参照教育部发布的文件《学位授予和人才培养学科目录(2011年)》。这些话语标记包括"共生""移植""适应""选择""群落""群体""生态链""生态平衡"等,均可在《牛津生态学词典》(Allaby 2001)或由全国科学技术名词审定委员会审定颁布的在线名词数据库中查到(网址:http://www.cnctst.cn/Search/Result? flag=1&pCode=GB 学科检索范围设置为:生态学、遗传学、植物学、动物学)。

使用过程中的知识生产功能。

实际上,这些不同类型的术语是分层次、有机地关联在一个术语系统当中的,共同构成了生态译学内部的知识生态和话语生态。具体而言,这些不同类型的生态译学术语已经系统地从本体论、认识论、方法论和价值论四个方面初步完成了对"翻译"这一对象客体的理性阐释。对于一套完整的话语体系而言,这是其得以稳定发展的学理基础。这从根本上主要关系到"翻译的本质是什么?""如何认识翻译?""如何系统地开展翻译?"以及"翻译的价值是什么"这些问题。例如,以"适应-选择"为核心的跨学科移植术语是对翻译本质的界定,生态译学从本质上也成为"运用生态理性、从生态视角对翻译进行综观审视的整体性研究"(胡庚申 2013:77)。在这一基础上,"翻译群落""翻译生态系统""文本移植""文本生态"等基于学科间交互产生的复合型术语能够进一步呈现生态译学对翻译现象与过程的认识。针对翻译实践与研究的方法体系以及翻译的价值问题,我们可以主要从那些跨域新生术语集合中找到答案。例如,术语"多维整合"指代的是一个用以指导翻译实践的方法论体系,具体涉及"语言""文化""交际"等理论维度,囊括了"仿生""依归""掏空"等具体操作方法。此外,术语"译有所为""事后追惩"等明确了生态译学视角下的翻译实践原则及标准,同时从中折射出翻译活动的外在价值。

通过以上对生态译学术语类型及其分布特征的初步统计分析,我们可以大致了解到生态译学理论话语体系构建背后的跨学科术语实践情况。正是基于这样一个术语系统,生态译学话语的应用实践得以顺利开展。这一点,我们可以借助国内生态译学研究相关的期刊文献关键词的分布特征予以进一步分析说明，如图 5.3 所示^①。

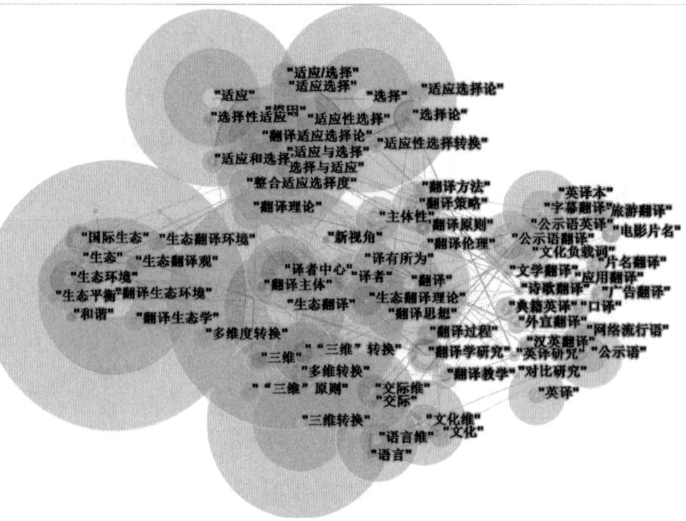

图 5.3　国内生态译学研究文献关键词共现图谱(2010—2015)

从图 5.3 中的节点可以直观地看到，图谱中的关键词涵盖了生态译学术语的主要类型。其中有从生态学等知识源域中直接借用的术语，如"适应""选择""选择性适应""适应性选择"等，有通过学科交互新创的复合型术语，如"生态翻译环境""翻译生态环境""翻译适应选择论"等，还有在跨学科交融中生发的全新术语，如"三维原则""多维转换""译者中心"等。这一发现初步表明，生态译学术语在国内现有的相关研究中已经得到较为系统的应用。通过进一

① 笔者在中国知网中检索得到 2010 年以来以"生态翻译"为主题词的 975 篇译学文献，并运用文献计量学中的 Citespace 可视化工具绘制了关键词共现图谱，文献时间跨度为 2010 年 1 月 1 日至 2015 年 11 月 12 日，文献类型包括期刊、会议论文和优秀硕博论文。2009 年之前的 11 篇文献发表时间较为分散，为兼顾视效的简洁性及文献相关性，未作为图谱绘制的基础数据。图 5.3 的 Modularity 值为 0.6251，Silhouette 值为 0.6283，均已达标。

步观察还可发现,在上述不同类型的术语集中,均含有附带紫色(深色)外圈标志的关键节点,如"适应与选择""生态环境""翻译适应选择论""翻译生态环境""译者中心""'三维'转换"等。这些具有不同知识类型特征的代表性术语共同搭建起国内生态译学研究的知识空间。这进一步说明了生态译学理论话语应用实践中的术语系统性特征。

与此同时,生态译学术语经过应用实践中的再语境化,也在不断丰富着其概念外延。比如,我们从图5.3中可以看到,国内生态译学话语已经涉及翻译研究的主要维度,如翻译主体、翻译策略、翻译伦理等等,且涵盖了包括文学翻译与应用翻译在内的多种翻译实践类型。这些代表不同翻译实践类型的关键词同生态译学理论术语有频繁的共现关系,如图5.3中相应节点间密集的连线所示。这个意义上,在生态译学话语构建过程中,跨学科术语应用的价值不仅体现为对生态译学理论本体系统构建的积极作用,而且还彰显于生态译学话语实践过程当中。

5.2.2　生态译学术语系统的传播

跨学科术语应用实践在生态译学话语的系统构建中发挥着根本性的作用。在此基础之上,生态译学话语的对外传播则有赖于跨语术语翻译实践。方梦之(2017:95)曾指出:"有的论著或有新概念、新范畴,但处于'说了传不开的境地',对我国译学话语水平的提高贡献有限。"如何提高传播能力也是中国当代译学话语创新构建中的一个重要方面,尤其是相关原创术语概念的翻译对等之得失,对于学术话语对外传播的有效性有举足轻重的影响。

自2009年《生态译学学刊》(*Journal of Eco-Translatology*)创刊以来,生态译学话语构建的国际化步伐明显加快。不少外国学者参与到生态译学研究当中。生态译学话语在对外传播实践中已经取得了一定的进展。就目前来看，国外学者对生态译学的探讨主要集中在这一专刊中。考察其中生态译学术语的应用情况，有助于明晰当下生态译学术语的跨语翻译对等实践。为此，笔者将这些由国外学者撰写的英文论文以及评论①整合为一个微型的生语料库，单词累计 36765 个，同时借助语料分析工具 WordSmith Tools 提取语料主题词②（表 5.2），尝试捕捉生态译学核心术语的应用情况，并以此对生态译学术语的跨语翻译实践现状做初步分析。

表 5.2　国外生态译学研究英文文献语料中的主题词信息

序号	主题词	频次	主题相关度	序号	主题词	频次	主题相关度
1	Eco	196	515.83	15	Heart	25	48.52
2	Translatology	122	309.91	16	Adaptation	35	46.11
3	Human	144	277.04	17	Life	37	44.16
4	Beings	35	92.00	18	Anthroposphere	16	42.05

① 所收文章来自目前已出版的四期《生态译学学刊》，共计 14 篇，其中包括 2 篇大会致辞。标题及作者信息（括号内）如下：1. Oriental Philosophies and a Nascent Approach (Marion Boers); 2. A New Stage in the Development of the Chinese School of Eco-translatology (Cay Dollerup); 3. Eco-Translatology in Translation Theory Contexts (Cay Dollerup); 4. Eco-humanism and its relevance for translation (Joanna Radwańska-Williams); 5. Radegundis Stolze 大会致辞; 6. Eco-Translatology and the Mencian "Four Shoots" (Douglas Robinson); 7. Eco-translatology and the Translator's Growth (Radegundis Stolze); 8. Eco-Translatology's Increased Penetration and Significance in Translation Studies (Cay Dollerup); 9. Innovative Decisions and Successful Cooperation (Zoya Proshina); 10. An Emerging Paradigm with a Great Potential for Research and Study (Roberto Valdeon); 11. On Professor Hu Gengshen's Scholarly Contributions: A Western Scholar's View (Cay Dollerup); 12. Language, Intercultural Communication and Translation in the Earth's Ecosphere (Joanna Radwanska-Williams); 13. Juliane House 大会致辞; 14. Eco-translatology, a Significant Contribution to Translation Theories (Sedat Mulayim).

② 此处的主题词是指主题相关度为正值，不含专名的英文名词。其中，去除的专名包括 China、Confucius、Gengshen、Hu、Mencius。考虑到对照语料的规模要求与相关性，本研究将 Munday（2009）作为参照语料。

序号	主题词	频次	主题相关度	序号	主题词	频次	主题相关度
5	Environment	64	90.84	19	World	59	37.93
6	Mankind	32	84.11	20	Paradigm	23	37.31
7	Ecology	32	75.78	21	Harmony	12	31.54
8	People	41	69.17	22	Biosphere	12	31.54
9	Selection	44	60.31	23	Humanism	12	31.54
10	Body	27	57.66	24	Species	11	28.91
11	Wisdom	21	55.20	25	Ecosphere	11	28.91
12	Ecologies	20	52.57	26	Centeredness	11	28.91
13	Behavior	20	52.57	27	Animals	11	28.91
14	Humanity	19	49.94	28	Environments	11	28.91

如表 5.2 所示,总体来看,在国外相关英文文献中,生态译学话语主题词中的主体部分是来自生态学或生物学的术语,如"Beings""Mankind""Ecology""Selection""Species""Animals"等所示。据此可以推断,生态译学话语中的生态隐喻思想是国外相关研究关注的重点内容。这一点,还可以通过 ecological 突出的主题相关度(主题相关度为 152.49)及其显著的词丛结构(表 5.3)直观呈现出来。

表 5.3　主题词 ecological 的词丛信息

序号	词丛	频率
1	ecological approach to	17
2	approach to translation	14
3	an ecological approach	7
4	the ecological approach	6

相应地，在生态译学话语的对外传播过程中，那些直接移植于生态学的术语概念呈现出较高的活跃度。例如，"选择"与"适应"作为生态译学核心术语概念，在跨语传播情境下依然占据着重要的话语节点位置。其中，selection 出现的频次及其主题相关度分别为 44 和 60.31，adaptation 分别为 35 和 46.11，在关键词排位中均比较靠前（如表 5.2 所示）。又如，eco 作为该语料中主题相关度最高的概念（主题相关度为 515.83），除了同 translatology 和 translation 搭配之外，还频繁地同 environment(s)、humanism 和 system 直接共现，用以传达"生态环境""生态人文主义""生态系统"等跨学科移植性概念（如表 5.4 所示）。而这些出现频次高达 49 次的常见搭配又常常置于同翻译直接相关的上下文语境中。据统计，位于 eco 左侧首位(L1)的搭配实词中，translational 出现次数最多，共计 29 次。

表 5.4　位于术语部件 eco 右侧首位(R1)的搭配实词及其频次

序号	搭配实词	频次
1	Translatology (-ical)	128
2	Environment (s)	33
3	Humanism	10
4	System	6
5	Translation	4

根据上述初步分析不难发现，在现阶段，生态译学理论话语的本体价值在国外相关研究中已经引起一定的关注，这与生态译学本体论层面相关术语的有效翻译实践是分不开的。但是，相比较而言，生态译学话语的应用价值在国际视野中似乎尚未得以显著体现，这同其国内稳步开展的话语应用实践境遇形成了较为明显的反差。就本文掌握的语料来看，关于那些表征生态译学方法与价值体

系的新生术语,亦即最能体现生态译学话语特色的术语,并未得以有效地跨语传播和应用。例如,在本文收集的语料中,未发现"译有所为"(doing things with translation)、"整合性适应选择"(holistic adaptation and selection)等新创概念及其英译术语表达;而生态译学核心术语"译者中心"(Translator-centredness)只出现 7 次,其中 5 次集中在同一篇文章中,剩余 2 次只是在开幕致辞中被简单提及①。也就是说,生态译学术语系统的跨语传播目前还处于初期阶段,其跨语应用实践的深度还有待推进。

　　生态译学话语中外传播境遇的不同在一定程度上能够反映出"自塑"与"他塑"之间的差距和差异。这其实也是中国当代译学话语创新构建面临的关键问题。根据术语翻译的一般规律,生态译学术语的跨语翻译实践首先要面临的是同西方本土译学话语的接触问题,如何处理好中西译学话语的关联性就十分重要了。事实上,西方学者在接受生态译学话语时往往会有意或无意地同本土译学概念做比较。例如,Stolze(2011:194)认为这种生态隐喻具有诠释学特征;House(2015:30)将翻译生态理解为一种语境概念②;Chesterman(2016:14)则认为,生态译论同模因论在方法上具有某种程度的相似性。这种情况下,我们似乎更应该遵循这种术语翻译对等的实践规律,针对性地对生态译学概念同西方译论中原有的相关概念进行比较阐释,明晰其共同点与差异性,通过这一类的学术研究为生态译学术语的跨语传播实践铺路。尤其在对外传播的初期阶段,这种概念辨析是十分必要的,否则会引起不必要的概念混淆

---

　　①　其中,5 次出现在文章 Douglas(2012)中,另外 2 次出现在 Roberto A. Valdeón 教授和 Zoya Proshina 教授在第三届国际生态翻译研讨会的讲话中。

　　②　原文为:"Eco-translatology A branch of translation studies that originated in China and that emphasizes the embeddedness of translational activities in the situational and socio-cultural contexts."

与误解。例如，Schmidt（2014:156）就将生态译学视为对 Vermeer 译论的重新包装，这显然是对其基本概念理解不到位造成的。

与此同时，我们需要意识到，话语的传播是在广泛的应用实践过程中进行的。这就需要依托于能够切实解决翻译实践问题的方法论相关术语的传播与应用。客观地讲，在生态译学的理论话语中，目前尚缺少更加细化的方法论体系。这或许是目前国外相关的应用研究比较少见的直接原因。实际上，在国内现有的应用研究中，翻译方法论方面的生态译学术语也并不常见。例如，在本研究检索到的 975 篇文献中，相关核心术语如"掏空""依归""仿生"等都未作为关键词出现过。这同其他类型的术语相比，使用频率显然过低。为提高这一类术语的有效性与影响力，或许可以尝试从丰富跨学科知识交互与交融方面入手，基于翻译活动同自然生态的概念隐喻，进一步挖掘具有可操作性的译学概念和术语。例如，或许可以借鉴生物基因的可复制性、可组合性以及可变异性，探究多语文本生态中"语义基因"跨语传递的具体问题等。这类具有显著工具理性的译学术语是增强译学理论话语体系自身合理性及其话语传播有效性的关键。

此外，在对外传播过程中，中国生态译学原创标签的确立最终需要借助能够代表中国本土特色译学思维的术语概念来完成。就生态译学的话语构建而言，道格拉斯（Douglas）曾明确指出，中国研究者在生态译学理论构建过程中对于中国传统思想的阐释还不够。也就是说，如何合理地实现中国传统学术思想范畴与概念的术语化和体系化，并对之进行崭新的现代化诠释，是生态译学话语深度构建需要重点关注的内容。这个意义上，中国当代译学话语的创新构建同中国传统译学话语的转型构建是不能决然分开的。关于这一方面，生态译学理论话语依然有较大的创新构建空间。例如，"天人

合一""以人为本"等术语概念或许可以用以丰富生态译学的地方性
知识内容;中国传统译学术语"信"或许可以融入以"译者责任""事
后追惩"等为核心的译学伦理知识结构,等等。这种"存异"意识的
价值在于打破"求同"的单向性,从而促进学术话语实践的交互。

　　实际上,在中国当代译学版图中,除了生态译学之外,还有其他
一些具有一定创新特色的译论,如辜正坤(1989)提出的翻译标准多
元互补论、黄忠廉(2002)提出的变译理论,等等。对于这些中国原创
译学话语,如何通过术语研究与实践进一步促进自身理论话语的系
统性构建,并在此基础之上推动原创话语的有效对外传播,是增加
其话语影响力的必经路径与捷径。关于这一方面,本文以上对生态
译学话语构建实践之得失的分析,或许能带来有益的启示。

　　"长期以来,在国际学术界,我们中国学者话语权不多,原因是,
我们缺乏自主的、创新的、具有活力的学术话语系统。说老实话,
'译介'和'转述'都不是我们的最终目的。中国应当拥有原创的、具
有自主知识产权的、并且能够'走出去'的学术话语系统。"(许钧
2013:xi)中国当代译学话语的创新构建,需要我们立足于世界译学
与人文研究的宏阔格局,检视与反思中国译学生态中存在的话语失
衡问题。这是一种深刻的"元批评"思维。张柏然先生有关"中国翻
译学"的前瞻性思考,便折射出这一点。其思想基因实则可追溯至
20世纪初由中国学术文化现代化转型触发的学术话语批评传统。
20世纪30年代,张君劢(2006:247)曾明确提出"独立民族必有独立
学术"的主张,提倡中国传统学术和文化的"死后复活(同上,246)"。
而张柏然先生创造性提出的中国译论之"浴火重生"这一理念,不啻
是对前人批评思想的承继,在译学领域更是成为开拓原创译学话语
的重要思想指南。"浴火重生"这一理念具有浓厚的诗性色彩,其传

达的却是一种理性思想特质。在张氏"中国翻译学"版图中，我们不能不顾"远距离"语言对之间翻译实践的特殊性而简单地全盘复制西方译论，而是要立足于中国翻译实践的现实土壤去构建具有普遍应用价值的译学话语，其根本诉求在于追溯自主性的立论精神。这同样也是中国当代译学话语创新实践的核心旨归。

"创新"始终是中国当代译学真正能够在国际翻译学领域产生学术话语影响力进而获取学术话语权的关键所在。对于学术话语体系创新构建而言，术语及其系统的创新是一条必要且可行的实践之路。从人文知识生产与话语实践的发生规律来看，不同地缘翻译实践催生出的理论话语自然会存在地方性差异。中西译学话语有其各自的知识特色与理论价值，二者的话语差异在其各自的术语表征上有直观体现，这一点在学界已有较为充分的探讨，如刘宓庆（1993）；张柏然、张思洁（1997）；谭载喜（1998）；杨自俭（2003）等。而术语的传播与应用情况是学术话语影响力的一个重要体现。细数西方译学知识体系对我国译学发展的全方位影响，从早期语言学范式的对等译论，到功能学派学说体系，再到文化转向以来的诸多当代新论，无不是借助于其各自的话语标记如"对等""目的论""翻译暴力"等核心术语的广泛传播与应用来实现的。就这个意义上讲，中国当代译学知识生产仍面临着术语创新的现实要求。

第六章

基于中国译学辞典研编的
术语知识表达

在学科话语体系构建方面,专科辞书的编纂扮演着重要角色。改革开放 40 余年里,中国译学学科建设过程中,译学辞典的编纂也是如此。自 20 世纪 90 年代起,中国本土学者就通过译学辞典编纂的方式开始致力于中国译学理论话语体系的构建工作,至今已出版四部自主研编的综合型译学辞典,即《中国翻译词典》(林煌天1997)、《译学大词典》(孙迎春 1999)、《译学辞典》(方梦之 2003)与《中国译学大辞典》(方梦之 2011)。通过以上四部译学专科辞典的编纂,中国翻译研究的知识生产与理论创新成果得以较为全面地记录与传播。这些本土译学辞典是服务于中国译学自主发展不可或缺的基础性话语资源。

值得注意的是,这期间,中国译学辞典中传统译学话语的贮存样态也历经着阶段性演化与更新,而译学辞典观的与时俱进则是促成这一动态变化的深层动因。在新的历史时期,"挖掘翻译研究的理论性资源与理论创新的可能性"(许钧 等 2018:446)是中国译学学科建设的首要任务,如何起而行之,"处理好传统与创新的关系"(同上)、"继承与发展的关系"(同上,447),从而推进中国传统译学知识的"活态传承"与"世界表达",已然成为中国特色译学话语体系构建与中国译学自主性发展中的重要议题。这一背景下,中国译学辞典的创新研编无疑需要进一步加强,而译学辞典观的创新则是关键前提与基础。

专科辞典作为一种知识产品，是由编者群体主导的知识实践活动的产物，它涉及相关专业领域知识的采集、分析、传播和应用（伯克 2016）。以知识社会史观之，没有"绝对客观"和"普遍统一"的知识，专科辞书编纂所涉及的知识实践内容必然受到"空间、时间和社会的制约"（同上，209）。相应地，专科辞典的文本可以视为特定历史时期和地域相关学科知识体系的语言表达，即学科话语体系的重要载体。通过相关领域专科辞典文本的历时考察，我们可以发现学科话语体系及知识体系演化的情况。从这个意义上说，专科辞典的编纂实质上也是相关学科话语体系构建的过程，具有学科建设的重要意义与价值。这方面，译学辞典的编纂当然也不例外。中国译学辞典不仅是用以存储中国译学知识的权威载体，其研编过程作为一种知识实践也是推进中国译学话语体系构建的有效路径。借助专科辞典文本推进构建具有中国特色的译学话语体系，应该成为新时期中国译学辞典研编应有的题中之义。

6.1　中国特色译学话语的辞典表征现状

翻译理论源自翻译实践，从翻译实践的本体特征来看，任何国别化的译论发展总是本土翻译实践知识历时传承的必然结果。中国的翻译实践发端久远，历史上先后历经了三次翻译高潮，其间出现的丰富文本类型与社会文化情境为中国传统译学话语的形成提供了充足的经验材料。这其实也是中国早期译论生发与累积的历史过程。早在译经时期，便有明确的翻译观见诸史料文献，如"译即易""译者，释也"等。毋庸置疑，中国传统译论有其自身的知识分量和传承价值。伴随着中国翻译实践史的演进，中国传统译学话语也逐渐出落成型，大致呈现出"案本—求信—神似—化境"（罗新璋、陈应年 2009:20)的译论演化格局。改革开放以来,随着西方译论的系统输入,中国传统译学话语遭受了巨大冲击,其生存与命运如何成为学界普遍关心并持续探索的重要议题,传统译论相关的研究工作也随之开展,并先后历经了中国传统译论的"文献整理与研究、阐释与经典文献外译与介绍"三个发展阶段(许钧 等 2018:96-97)。实际上,这也正是中国特色译学话语体系构建的三个同步发展阶段。

伴随着传统译论的挖掘梳理、构建阐释与对外传播,中国特色译学话语体系构建实践也不断深化。这一贯穿于中国译学发展总进程的话语构建活动使得部分传统译学知识能够得以保存与延续,并在不同历史时期的中国译学辞典文本中留下印记。据检索统计,在《中国翻译词典》这部"国内外第一部综合性研究型译学辞典"(孙迎春 2009:4)中,共有 44 条涉及中国传统翻译实践与翻译知识的独立词目①,其中不乏一些传统译论相关的概念、范畴与命题,如"案本""善译""五不翻"等。后续出版的三部本土译学辞典《译学大词典》(1999)、《译学辞典》(2003)、《中国译学大辞典》(2011)在选词立目上也一直延续着对中国传统译学知识与话语的记录,发挥着传承中国早期翻译文化记忆的重要作用。随着中国译学发展的不断深入与传统译论相关研究工作的推进,通过辞典文本呈现出的中国传统译学知识图景及话语体系状貌也发生了相应变化。

《中国翻译词典》于 20 世纪 90 年代伊始便投入策划研编。在此之前,本土译学生态出现过"中国的'翻译史'年"(邹振环 2017:208)这一独特学术景观②,学界对于中国本土翻译实践的史实梳理以及

---

①　本文所统计的各辞典词目不包含人物、机构、著作等专名。

②　邹振环(2017:208)认为,1984 年是"中国翻译史研究上一个有标志性意义的节点","也堪称中国的'翻译史'年"。这一年,由中国翻译工作者协会和《翻译通讯》编辑部选编的《翻译研究论文集》、罗新璋编选的《翻译论集》以及马祖毅著述的《中国翻译简史——五四以前部分》先后问世,对中国的翻译史研究产生了深远影响。

传统译论相关文献的整理工作始有成效，这为该辞典的编纂提供了可靠的研究基础与充足的话语材料。在传统译论相关词目释文中，该辞典一律说明了其原始出处，对部分核心译论还做了细致的文献汇总与观点梳理。例如，在"信达雅"的释文中，该辞典先后例举了中国近现代翻译史上关于这一经典译论的认识与评价；又如，在解释"直译"和"意译"时，该辞典不仅指出，"从佛经翻译开始，实质上就存在着直译和意译，只是在近一个世纪来，这种争论显得更为热烈，探讨得也更为深入了"（林煌天 1997：943），而且还详细追溯了译经以及"五四"时期的本土直译观和意译观。整体来看，这一时期，学界对于传统译论的传承价值仍处于探索阶段，传统译论相关研究主要依赖于以译者为中心的翻译史路向，这对辞典文本中传统译学话语的贮存方式也产生了一定影响。例如，《中国翻译词典》收词3700 余条，其中绝大多数是人物、著作、机构等翻译史中的名物类与事件类名词或短语。一些重要的传统译论并未作为独立条目出现，而是隐于相关译者、译论家或译论作品的释文内容中，只附以扼要的出处说明或直接摘录相关文献片段。例如，"八备说""六例""正译"分别出现在专名词目"彦琮""赞宁"《翻清说》的释文中。

随着中国译学的时代演进，"越来越多的学者开始进行传统译论研究，研究成果开始增多"（许钧 等 2018：97），中国传统译论研究进入一个由话语材料汇编转向知识阐发与理论反思的过渡期。在1999 年出版的《译学大词典》中，针对译学概念的深度描写倾向开始显现。例如，编者援引朱自清与罗新璋的研究文献，较为充分地说明了"译"这一传统译学术语的丰富含义；又如，该辞典另辟词目"'神似'说的源流"，详述"神似"的概念缘起及其演化历程。于 2003年问世的《译学辞典》还专门增设"传统译论"类目，相关释文带有更为明显的知识加工痕迹。例如，在"善译"这一条目中，该辞典说明其原始出处并做简明解读之后,还将其同国外译论家卡特福德、奈达等人的译论观点相比较,并进一步阐明其普适性理论意义。

进入 21 世纪以来,中国传统译论研究逐渐从翻译史梳理与反思深入至翻译思想挖掘层面,《中国传统译论经典诠释——从道安到傅雷》(2003)这一"国内第一本系统阐释传统译论的专著"(许钧 等 2018:97)便是"传统译论研究经过短暂的转型期进入第三阶段的标志性成果"(同上),中国特色译学话语体系构建逐渐进入深化发展期。在《译学辞典》基础上修订出版的《中国译学大辞典》便切实反映出这一译学发展新动向。该辞典除了新增 52 条传统译学话语相关词目,如"正翻与义翻""四款""四句模式""讹""五不可翻"等之外,对传统译论的阐释深度也明显提升。在词目类别设置方面,该辞典将诸多经典传统译论如"案本""善译""信达雅""神似"等划归为"翻译标准"与"翻译批评"范畴。在具体条目释义方面,该辞典不仅观照译论的概念史,如另辟词目探讨"信达雅"的来源、将"化境"溯源至传统文论中的意境说、详述"中西方关于'翻译'这个范畴的认识过程"(方梦之 2011a:8)等等,与此同时,该辞典还更加注重对传统译论进行现代化阐释,如揭示"八备"说暗含的译者主体性问题、指出"三不易"是在翻译本体论层面论证了不可译性(同上,52),等等。

6.2　中国译学辞典观的历时发展考察

如前文所述,专科辞典是相关学科领域知识体系化语言表达的结果,是学科话语体系的构建载体。由于知识实践的时空与社会性制约,专科辞典文本所呈现的学科话语体系必然带有特定历史时期和地域的社会烙印,也折射出学科及其理论研究发展的阶段性特征。通过对改革开放 40 年间出版的中国译学辞典的文本考察，不难发现，相比于较早出版的《中国翻译词典》与《译学大词典》，新世纪修订出版的《中国译学大辞典》所呈现出的中国传统译学知识图景与话语体系状貌更为丰富而全面。这不仅与改革开放以来中国译学的发展特征相吻合，同时也反映出不同编纂者译学辞典观的差异。

《中国翻译词典》是改革开放以来最早研编的一部译学辞典，其研编初衷是"组编一本汇集中国译事诸多方面知识的百科式大词典"（林煌天 1997："编者的话"7）。其自身的角色定位是一部"翻译知识辞典"（同上），即"融知识性、学术性、实用性于一体的翻译工具书"（同上）。这就不难理解，该辞典会格外重视翻译实践相关信息的收集与呈现，其收录的传统译论词目也多与译法相关，如"复译""格义""前后秦时期的佛经译法""玄奘译法之借鉴"等等。其他传统译论概念也多嵌于翻译实践情景中，如在"翻译的化境""西诗汉译的'形似'与'神似'""译文的质与文"等词目的释文中，都配有具体的翻译例证，用以凸显相关译论对于翻译实践的指导意义。从《中国翻译词典》出版的时间来看，正是我国改革开放后传统译论研究的第一阶段，主要是"对原始理论文献进行编辑和注疏并有初步研究"（许钧 等 2018：96）。显然，这一阶段，中国特色译学话语体系的构建问题尚未引起足够重视。

《译学大词典》的诞生时值中国传统译论研究的转型期，即第二阶段。此时，该辞典的服务对象已从"翻译工作者"聚焦至"翻译研究者"。在辞典前言中，编者开篇梳理了翻译学学科建设的历史渊源，并随后指出，"《译学大词典》的编纂目的，一是为中国翻译学的建立尽菲薄之力，二是为翻译研究者集中提供具有系统性的大量的学术资料，俾启其心智，利其研究"（孙迎春 1999：4）。可见，编者意

欲将该辞典的功用提升至服务于翻译研究的高度。如前文例举的
"译"与"'神似'说的源流"所示,在文本处理方面,编者面向传统译
论概念的话语构建意识也有所提升。如果说《译学大词典》是中国
传统译论研究转型初期的产物,《译学辞典》则进一步反映了中国传
统译论理论化发展趋势与中国特色译学话语构建的初步成果。该
辞典在序言与前言部分联合声明了译学术语之于中国译学学科建
设的重要性,并力图借助该辞典"以明确的概念汇集译论的各种流
派和观点……以促进翻译实践、翻译教学和翻译理论研究"。在此
基础上,该辞典还提出了"中外古今并蓄,源流支脉兼容"(方梦之
2003:4)的编纂方针,其目的不仅在于"汇集译论",还寄希望于通过
辞典梳理中国译论的"源"与"流",这足以体现编者的话语构建意识
及其对译学辞典话语构建意义的认可。

　　《中国译学大辞典》是在中国传统译论研究的第三阶段编纂出
版的,这个时期已经进入了中国传统译学建设的理论自觉阶段。自
张柏然先生 1997 年提出建立"中国翻译学"到 2001 年呼吁"发展中
国的译学研究"并"让中国译学走向世界"(许钧 等 2018:118),此后
的中国译界有关传统译学理论的研究日趋丰富,而且中国传统译论
经典文献的对外译介也更加活跃。此时《中国译学大辞典》的编纂,
从理念上更能体现出中国特色译学话语体系构建的诉求。在前言
中,编者表达了"一方面再现我国传统译论的发生和发展……另一
方面集中展示我国当代学者的创新成果……"(方梦之 2011a:iv)的
设计思路,旨在将其打造成为中国译学科学化、系统化与条理化求
索路上的铺路石(同上,vii)。在这本辞典中,中国传统译学知识的
表征力度进一步增强,话语体系构建的痕迹更为凸显。

　　综上,改革开放 40 年里先后问世的四部中国译学辞典体现了编
者中国译学话语体系构建意识的历时变化。这期间先后形成的不

同编纂理念,也直接影响着相应时期译学辞典文本在内容选取与结构编排两方面的设计特征。译学辞典编纂理念的形成,取决于编者主体对译学辞典编纂本质及其文本功能的认知视角与深度,即译学辞典编者的辞典观。从以上文本分析与考察来看,译学辞典文本是中国译学发展客观趋势与编者主体辞典观共同作用下的产物,而不同时期编者的译学辞典观同其所处时代的译学生态又息息相关。译学生态的演进往往会促进编者译学辞典观的更迭与创新,进而影响译学辞典文本的更新与完善。与此同时,译学辞典观的演进也可看作学界对历时变化中的译学发展需求的回应。如此,面向新时期中国译学发展的新诉求,对译学辞典观进行反思与创新尤为必要。

6.3　面向中国译学话语构建的译学辞典观创新

世界译学话语的演进与拓展得益于地方性译学知识的本土创生与传播应用。西方译论的蓬勃发展,很大程度上离不开源于英、法、德、美等不同地缘空间译学知识的开放借鉴与广泛应用。中国作为世界的一部分,中国译学自然也是世界译学发展事业中的一分子。改革开放以来,西方译学知识的输入给中国译学界带来了丰富的译学理论资源,极大推动了中国本土译学话语实践。而随着中国译学生态当下进入一个更为深入的开放阶段,向世界提供中国知识已然是促进世界译学多元化发展的必要实践。中国传统译学话语的自塑与外塑作为不可分割的整体,也随之成为打造中国译学话语之特色的关键途径。译学辞典是系统集成译学知识与话语的权威载体,在世界译学生态中,其所扮演的权威中介作用不容忽视。新时期中国特色译学话语体系的构建同样也需要自主研编的中国译学辞典来铺路。发挥中国译学辞典之"用",是以理性认识其编纂本质,亦即译学辞典之"体",为前提的。明晰中国译学辞典的"体"与"用"是新时期译学辞典观创新的核心所在。

中国译学辞典的编纂本质体现在译学辞典的实际编纂过程之中。译学辞典的研编实践不是机械地将译学话语材料片段"搬运"至辞典文本,而是遵从辞书编纂的一般规律,基于"词目—释文"这一基础文本结构,"把知识'原料'加工为一条条词条'产品'"(陈炳迢 1991:2)。具体到中国译学辞典的编纂,便涉及本土传统译学知识"原料"的加工过程,亦即中国传统译学知识的采集与分析,其中包括传统译论话语材料的筛选、词目的析出、概念解读与文字陈述等一系列编纂工作程序。经辞典文本呈现的加工后的译学知识表达可视为传统译学话语体系的"镜像"。而编者对于辞典的角色定位以及对于传统译学知识的认识水平会影响到辞典知识加工的每一步骤,进而会左右这一"镜像"的生成样态。前文关于四部中国译学辞典的文本分析与历时考察便说明了这一点。

译学辞典作为由编者主导设计的知识产品一旦成型后,将作为联通主体认知世界与客观知识世界的重要窗口应用于译学话语实践活动中,在读者群体中发挥着知识传播与应用的重要作用。这一过程中,不同的辞典文本"镜像"对于传统译学话语形象的传达效果当然也会存在差异。对此,我们不妨通过比较《中国翻译词典》与《中国译学大辞典》中的例证略作进一步说明。《中国翻译词典》所塑造的是一个翻译史路向的话语"镜像",相关释文常常止于语文解释,这在一定程度上会削减对译学概念本身的知识深描空间。例如,该辞典将"案本"解释为"即按照原文(梵文)的本意"(林煌天 1997:17),将"质"与"文"解释为"质即质朴,文即文雅"(同上,844),等等。相较而言,《中国译学大辞典》所呈现出的话语"镜像"更为丰满。同样以"案本"和"文-质"为例,对于前者,该辞典指出"案本被认为是中国传统译论的首要线索"(方梦之 2011a:71)；对于后者,该辞典将其理论渊源追溯至先秦典籍,并描述了文质之争的核心观点,更为关键的是,还论证了文质概念同西方译论中意译与直译之间的本质区别(同上,54)。这样的处理方式显然更有利于读者群体对中国传统译论形成合理而系统的认识,从而引导其做深入探索与研究。而读者群体的评估与反馈又可能会进一步反哺于辞典的编纂实践。因此,中国译学辞典编纂不仅是反映传统译论研究成果的有效载体,同时也将作为基础性话语资源工具参与到中国译学话语构建实践中去。

综上分析,译学辞典编纂实质上是在一定学术文化语境中开展的知识实践,其中包括译学知识的采集、分析、传播和应用,而这也正是译学话语体系构建的过程。在厘清译学辞典的编纂本质这一基础前提后,中国译学辞典之"用"的问题自然也会迎刃而解。我们知道,改革开放以来,中国当代译学发展的开放性与自主性与日俱增,这在译学辞典文本生态中其实也有相应体现。一方面,我们积极引进西方译学辞典,另一方面,由本土学者引领的中国译学辞典研编实践也陆续开展,本文考察的四部中国译学辞典便是代表性成果。如果说引介西方译学辞典侧面反映了中国译学发展的开放性,本土译学辞典的问世则是中国译学自主性发展成果的有力见证,二者共筑中国当代译学辞典的生态版图。对于中国译学的发展而言,这两大类辞典都不可或缺,均发挥着译学话语体系构建的重要作用。但二者之"用"却不尽相同。

西方译学辞典作为西方译学发展过程中的特定知识产物,对于中国译学话语的理解与认识难免会存在先天的视域局限。前述章节对 *Routledge Encyclopedia of Translation Studies*(Baker & Saldanha 2009)等现有主流译学辞书的考察便说明了这一问题。就辞典之

"用"而言,引介而来的外来译学辞典是西方译学知识与话语本土传播的有效媒介,也是西方译论影响力的有力说明,而本土自主研编的中国译学辞典则是用以传达中国原创译学知识成果的重要载体,能够表征中国译学话语的主体性与创造力。在中国译学发展过程中,二者所发挥的译学话语构建功能具有差异互补的特点。

当下,国际上对中国传统译论的了解程度虽有所提升,但仍存在诸多局限。勒菲弗尔对于文质概念的误读便是一个典型案例(于德英 2008),其在西方译学界乃至世界译学界带来的潜在负面影响实则难以估量。这在很大程度上归咎于中国本土译学基础性知识资源的缺乏与相应话语体系构建的缺失。这一问题也为新时期中国译学辞典的编纂与应用提出了更高要求。西方译学辞典与中国译学辞典之间暗含着知识互补与话语交互机制。对于前者未能收录或误读的中国传统译论,本土译学辞典编纂实践需要肩负起兼收并蓄与正本清源的责任,从而为在世界范围内引导中外译学话语的互惠互鉴提供资源保障,使中国特色译学话语在世界译学话语多样性中真得其所。

通过考察改革开放以来由本土学者自主研编的译学辞典文本,我们发现,译学辞典观在中国译学辞典编纂实践中起到支配的作用。但译学辞典观创新只是用以指导译学辞典编纂有效开展的第一步。专科辞典编纂作为复杂的知识实践活动,其中牵涉到的因素众多。从学科知识体系到辞典文本话语"镜像"的生成,除了辞典观之外,编者的知识观,亦即认识学科知识体系的视角与路径,同样起到了不可替代的关键作用。如何在译学辞典观创新的基础上构建面向中国译学发展实际的译学知识观值得深究。

6.4 中国译学辞典中的术语知识表达策略

我国现代意义上的学科体系是在西学东渐大潮影响下中国传统知识体系转型与学术话语体系重塑的思想性与制度性双重变革的产物。其中，诸多学科都在不同程度上呈现出中西知识杂糅的状貌。而专科辞典的编纂以"整体地反映学科的知识系统"（陈炳迢1991：210）为要务，应尽可能全面地反映这一客观知识现象。这个意义上，专科辞典的编纂本身就可视为一场特殊的话语自塑实践。

"辞书这个特定的对象是和民族的语言以及它们的社会文化密切联系的。"（赵振铎 1998：85）这说明，一方面，辞书编纂是一种地方性实践，以满足特定社会文化语境中的知识需求为目的；另一方面，辞书编纂也应是与时俱进持续开展的系列知识实践，而知识观的更新将为辞书文本中的知识组织带来新的实践空间。在具体操作层面，专科辞典的编纂过程是"收列某个学科或知识领域的术语和专名，给出专业性释义[①]"，其中涉及收词标准、编排方式和释义原则这三个关乎辞典核心结构的关键问题，它们是系统表征学科知识需考量的主要实践向度。中国译学辞典中的知识表征策略的优化实践也应该从这三方面着手。

收词"是决定一部辞典质量高低的第一个关键"（杨祖希、徐庆凯 1991：126）。对于中国译学辞典而言，所收词目代表的是中国译学发展过程中产生的不同译学知识类型。因此，收词的全面与否是关键中的关键。具体而言，收词立目工作需要基于中国译学知识系统来展开。其中，产生于中国译学知识体系演进各阶段的相关本土

[①] 见我国国家标准《术语工作·辞书编纂基本术语》（GB/T15238-2000）。

文献中往往蕴藏着丰富的译学知识模因遗传与表达信息,可为选词立目提供来源依据。这一策略对于客观全面地表征中国传统译学知识尤为有效。例如,基于《繙清说》可以挖掘出"正"这一译学知识模因。在"正译"的观照下,呈现出的是一个"了意—完辞—顺气—传神"的翻译过程。在辞典编纂中,这些知识单元都可以考虑作为独立词目补充进来。很大程度上,这一基于中国译学知识话语体系的收词策略能够有效防止因一味地收录西方外来译学术语而忽略中国传统译学本有的知识资源。

词目编排是继收词立目之后另一项十分重要的编纂工作,其目的是就所收词目之间的系统关联做进一步细化和显化处理。这方面,设置参见信息是一个常用方式。一般认为,在专科辞典中,通过参见搭建的系统架构侧重于知识内容的系统化表征,而非单纯地彰显语符层面的关联,这是同语文词典参见设置的主要区别。译学辞典的参见设置同样如此。基于中国译学知识组织的特点,这种参见信息一方面可以设置在自足性的知识体系内部,例如,基于"本"这一模因建立起的知识关联可以通过"案本""五失本""趣不乖本"等相关传统译学词目之间的参见标签显性地呈现出来;另一方面也可在具有概念关联性的中西译学词目之间专门设置参见,如前文所述的"善译"可同"动态对等"互参,等等。除参见标签之外,还可借助插图、插页的形式,通过绘制类似于基因图谱的译学知识模因图谱将那些容易被忽视的译学模因及其概念表达直观地呈现出来。这些参见策略能够在内容和形式上极大丰富中国译学辞典的设计元素。

收词及其编排工作关涉译学辞典宏观与中观结构的搭建。在此基础之上,释义部分作为辞典微观结构的重要构成,其知识表征策略值得进一步思考。释义文本能够为集中说明中国译学知识系统的特殊复杂性提供更为充足的阐释空间,因此也是深度实现中国译学知识系统表征的关键所在。对于"本""神"等核心译学模因，强调其遗传特征，明晰其知识衍生与演化情况，是可以采用的释义方式。而对于具有中西关联性的词目，释义则需要强调比较或对比的维度。具体而言，对于具有相似性关联的中西译学知识，应指出其可比性，如西方传统译论中的 spirit 同中国传统译论中多次提到的"神"。与此同时，对于二者的异质性本质也要做专门的阐释，尽量避免"以西释中"或"以中格西"的简单化释义方式。相关例证不一而足。例如，赞宁六例的首例即"译字译音"，其中的"译"字当作"易"字解，表达的是"改变"的意思（朱志瑜、黄立波 2013：13）。又如，"信、达、雅"中的"信"是"文章正轨、译事楷模"，当取"修辞立诚"之意，蕴藏着中国传统翻译伦理观，同西方译论中的"忠实"说并不在同一个层面。

以上结合对改革开放 40 余年间中国译学辞典编纂情况的考察，反思中国译学辞典编纂的话语体系构建实质与功能，从中我们可以看到，改革开放 40 多年来，我国学界在构建中国特色译学话语体系方面所做的努力从未停歇，中国译学辞典中传统译学话语贮存状态的动态演进便如实反映了这一点。从根本上讲，追求译学话语的特色性并非要树立起独一无二的异质性话语身份，而是以促成中外译学原创话语的双向互动为目的。这一关乎中国译学国际影响力的重要问题在新时期的时代背景下尤为凸显。然而，相较于中国改革开放以来翻译实践的丰富性与理论研究的活跃度，中国译学话语体系的构建，尤其在特色性方面，仍有所迟滞。这方面，中国译学辞典编纂作为一种译学话语构建的实践方式，具有很大的作为空间，特别是在系统集成中国译学术语知识以及向世界传达中国特色译学话语形象方面。开展服务于新时期中国特色译学话语体系构建的译学术语辞典研编实践是时代所需。

第七章

中国学术话语构建的
术语批评方法论

1886 年,恩格斯在为《资本论》英文版所作序言中提出了"术语革命"的概念并进行了概要阐述。130 多年来,"术语革命"论产生了积极的影响,尤其是在思想与学术创新论域。"术语革命"论是恩格斯在解析马克思理论话语创新价值时提出的,阿尔都塞在其对《资本论》的后续解读中有进一步阐发,其中所蕴含的术语批评方法论与 20 世纪中后期库恩《科学革命的结构》中的"范式革命"论形成了跨世纪的思想呼应,对学术话语创新具有很强的解释力。

　　如今重读恩格斯的"术语革命"论,我们会发现,恩格斯在捍卫马克思主义思想时,其实有意或无意地示范了一场以术语为线索的话语批评实践,即从核心术语出发引导人们去深度理解马克思的政治经济学要旨。这一术语批评思维与方法在阿尔都塞的后续解读中得到了进一步显现,并同库恩"科学革命"论中的部分观点形成了跨世纪的呼应。时至今日,仍有不少研究因循"术语革命"论的思维与方法,阐发《资本论》中的核心术语与话语构建实践(如石佳、王庆丰 2015;孙慧 2015;顾海良 2017;石佳 2018;等等)。还有学者将"术语革命"论拓展应用至更为广阔的学术话语构建研究领域,认为术语革命是中国特色学术话语体系构建的"重要内容""基础工程"与"重要标识"(顾海良 2016:21)。可见,"术语革命"论不仅仅是解读马克思经典的"终南捷径"(王庆丰、石佳 2017:69),内隐其中的普适性术语批评方法论对于思考中国当代学术话语构建问题也具有积极的指导意义。

实际上,近年来随着中国学术话语构建研究在各学科领域的自觉推进,学科术语研究也更为深入。立足于中国学术话语构建实践的历史语境,从"术语革命"这一认识论创新走向术语批评的方法论探索应是必由之路。林语堂(2013:246)曾引用英国评论家马修·阿诺德的话①申明"批评为认清对象的观点",这其实也是对众多领域中批评实践共性的最好注解。术语批评当然也不例外。借助对学科术语及其系统的全面考察来认清学术话语这一对象是术语批评的根本目的。此前,刘润泽和魏向清(2017)以及 Huang 和 Wei(2020)在进行相关理论话语的批评分析时,均已明确提出"术语批评"这一说法,但尚未就此做深入阐释。中国学术话语构建的语境中,术语革命的现实复杂性如何? 又该如何在学术话语构建的场域中展开术语批评实践? 这些具体问题亟待系统探讨。相关思考即是对术语学作为学术话语构建方法论之合法性与可行性的论证。下文将从恩格斯的"术语革命"论出发,探讨术语批评作为学术话语创新研究方法论的重要意义和独特价值,旨在为中国当代学术话语的创新构建提供有益借鉴。

7.1 恩格斯"术语革命"论的内涵

谈及恩格斯,人们常将其同马克思并举,视之为马克思主义思想的拥护者与阐释者。阿尔都塞等(2008:233)则强调,恩格斯"远远不是人们在把他和马克思相比较时所认为的二流的解释者",相反,

---

① 林语堂此处引用的是"批评是认清对象的真相"(Criticism is the effort to see the object as in itself it really is.)这句话。

他在"认识论上的非凡洞察力"不容忽视。这里所说的"认识论"意指恩格斯在英文版《资本论》序言中提出的"术语革命"论，即"一门科学提出的每一种新见解都包含这门科学的术语的革命"（中共中央马克思恩格斯列宁斯大林著作编译局 2009a：32）。恩格斯指出，马克思在《资本论》中使用的核心术语同古典政治经济学术语有本质不同，马克思的术语革命正是其理论革命的显性标识。不仅如此，恩格斯在《资本论》第二卷的序言中还专门就"剩余价值"这一术语的创制及其话语构建意义做过翔实分析。

众所周知，马克思《资本论》的出版标志着政治经济学领域的理论创新与思想革命，但与此同时也引发了一些争议，尤其是对其理论原创性的一些质疑。为此，1886 年，恩格斯在《资本论》英译版序言中明确指出，《资本论》中"某些术语的应用，不仅同它们在日常生活中的含义不同，而且和它们在普通政治经济学中的含义也不同"（中共中央马克思恩格斯列宁斯大林著作编译局 2009a：32）。他还说，这种术语的差异"是不可避免的"（同上），"把现代资本主义生产只看做是人类经济史上一个暂时阶段的理论所使用的术语，和把这种生产形式看做是永恒的、最终的阶段的那些作者所惯用的术语，必然是不同的"（同上，33）。也就是说，在恩格斯看来，术语使用的差异，究其根本，是由认识上的差异驱动的，马克思在《资本论》中提出了不同于古典政治经济学的"新见解"，其话语体系自然"包含这门科学的术语的革命"。换言之，术语革命既是理论话语发生变革的外在体现，也是其深层动因。显然，恩格斯此处是运用术语批评思维与方法来深度解读马克思理论话语的创新实质，借之表达了马克思本人在"叙述时没有说出来的东西"（阿尔都塞等 2008：167）。

恩格斯"术语革命"论的思想基因在 70 余年后库恩提出的"范式革命"论中再次显现。库恩（Kuhn 1996：149）在探讨从牛顿范式到爱

因斯坦范式的话语嬗变时也提到，概念网络（conceptual web）的转移
与重置是不可避免的，那些旧有的术语和概念等元素将进入一个全
新的关系（new relationships）当中。这同恩格斯的"术语革命"论观点
高度一致。根据顾海良（2016：21-22）的考察，《资本论》中的术语革
命主要体现在两方面，除了那些"批判借鉴性"的术语，如工资、资本
等，还有"原始创新性的术语革命"，如剩余价值、可变资本、不变资
本等，而其中的核心术语作为"标志性范畴"，是"统摄马克思经济学
体系的'枢纽'或'主线'"，"是马克思经济学区别于其他经济学流派
的根本标识"。这一观点直指术语的话语构建功能与价值。关于这
一点，恩格斯在 1885 年《资本论》第二卷序言中讨论"剩余价值"这一
术语的相关问题时早已论及。一定程度上，此次对马克思剩余价值
论的正名也是一次术语批评实践。

在这篇序言中，恩格斯将马克思提出剩余价值论类比于拉瓦锡
提出氧气说。化学史上，之所以将发现氧气归功于拉瓦锡，很大程
度上是因为他明晰了氧气的概念并对其进行科学命名。有意思的
是，在"范式革命"论中，库恩同样探讨了这一案例，并传达了类似的
观点。库恩（Kuhn 1996：55-56）认为，真正意义上的科学发现不仅仅
在于发现了某个新事物或现象（discovering that），更关键的是，要探
求这一事物或现象本质（discovering what），也就是说，要明确概念范
畴（conceptual categories），这是一个概念消化与吸收（conceptual
assimilation）的过程，显然，拉瓦锡做到了。恩格斯要讲的也正是这
个意思。在政治经济学领域，尽管"在马克思以前很久，人们就已经
确定我们现在称为剩余价值的那部分产品价值的存在……但是到
这里人们就止步不前了"（中共中央马克思恩格斯列宁斯大林著作
编译局 2009b：21）。他们"为既有的经济范畴所束缚"（同上）。马克
思则不同，他"第一个详尽地阐述了剩余价值形成的实际过程"（中

共中央马克思恩格斯列宁斯大林著作编译局 2009b:22)，"还进一步研究了剩余价值本身,发现了它的两种形式,即绝对剩余价值和相对剩余价值"(同上)。就像拉瓦锡通过定义"氧气"这一术语概念引发了一场化学革命一样,马克思通过创制并明晰"剩余价值"及其相关术语,构建起了剩余价值论话语体系,引发了政治经济学话语革命。也就是说,创制"剩余价值"这一术语"这个表面看来微不足道的行动本身产生了巨大的理论后果"(阿尔都塞等 2008:167),标志着马克思学说同古典政治经济学之间的"认识论断裂"(同上,170)。恩格斯的论证有力回击了当时部分学者对马克思理论原创性的质疑,他的术语批评思维及方法运用,即术语的话语构建功能和实践价值很值得我们深思。对此,阿尔都塞在后续解读中予以了进一步阐发。

就"剩余价值"这一术语而言,阿尔都塞认为这是个"理论概念,它代表了一个与新的对象的出现相关联的新的概念体系"(同上,167)。他还指出,马克思本人其实也意识到,"首要的理论前提是必须建立一套恰当的科学术语,即建立有明确规定的术语的完整体系"(同上)。这显然也是恩格斯术语批评的出发点。如果说恩格斯的"术语革命"论旨在对马克思理论话语做出合理而深入的解读,阿尔都塞则在统摄马克思与恩格斯思想的基础上,进一步揭示并阐发了"术语革命"论的批评本质,认定它"阐明了一门特定的学科的对象和它的术语体系、概念体系之间的内在关系"(同上,170),并点出其背后的理据。具体而言,一方面,术语与理论话语之间存在静态的结构性关联,"任何术语都是同作为这一术语基础的理论体系相联系的,任何术语自身都包含着特定的、有限的理论体系"(同上,169),另一方面,动态地来看,"一旦对象改变了,那么观念体系和概念术语也必然会发生相应的变化"(同上,170),也就是说,理论话语的发展和术语系统的演进是有机联动的。这同库恩（Kuhn 1996：102）在"范式革命"论中提出的概念转型（conceptual transformation）是科学研究转向中的基础、科学革命即概念网络的更迭（scientific revolution as a displacement of the conceptual network）等观点旨趣相合。

术语凝结着专业领域重要的概念与知识，是学术话语表征的最小单位，也是传递意义与价值的核心语符工具，术语概念的阐发与创新往往也是学术话语生产的标志，其系统构建与发展事关学科知识的谱系演化。以术语的存在与发展为视角进行学术话语构建研究是一条非常值得探讨的创新路径。某种程度上，恩格斯的"术语革命"论已经间接地证明了这一术语批评路径的必要性和有效性。可以说，恩格斯在阐释马克思《资本论》理论贡献的同时，其实也做出了自己的理论贡献，"术语革命"这一说法本身便是其理论创新的显性术语标识。值得思考的是，这一术语批评思想基因在阿尔都塞的后续解读和库恩的"范式革命"论中均得到不同程度的再现表达与深化拓展，与其说这是哲人们的思想默契，不如说是客观印证了术语批评作为学术话语构建研究方法论的合法性。接下来，在探讨面向中国人文社会科学话语构建的术语批评路径之前，还需对汉语学科术语革命的复杂性形成充分的认识。

7.2 汉语学科"术语革命"的复杂维度

"术语和文化如影之随形，须臾不离。"（周有光 1992：62）学科核心术语与学术文化的关系亦复如是。在现代化大潮的助推下，中国学术文化生态历经了从自主知识生产到中西知识接触及交互的演进阶段。此间，各汉语学科术语群落也逐步成型，同样历经了一个

异常复杂的系统演化过程,是术语系统的历史复杂性、类型复杂性
与应用复杂性这三方面共同作用的结果。

　　汉语学科术语系统演化的历史复杂性指的是各学科汉语术语
系统的形成很大程度上是"诱发型"现代化转型实践的结果。人文
社会科学领域的话语生产是普遍存在的人类知识实践,与此同时,
我们需要认识到,人文社会科学研究同自然科学研究的根本差异就
在于其对文化的依赖程度,前者与文化水乳交融,不可剥离。钱穆
先生(2011:1)所言"文化异,斯学术亦异"主要是就人文社会科学学
术话语而论的。该领域的知识话语往往生发于特定的现实土壤与
历史阶段,不同的人文社会环境都有可能孕育出独特的知识生产与
话语方式,以及不同的术语表征。中国学术传统中蕴藏着大量具有
学科知识价值的人文社会科学术语遗产。前文在学科史视域下就
汉语史学术语系统所做的历时分析便已说明了这一点。只不过,在
西学东渐大潮的持续影响下,中国学术话语传统并未完整地延续下
来,加之我们对西方当代学术思想与话语体系的译介性输入日趋常
态化,本土传统术语系统生态得以敞开,外来术语不断补充进来,大
量西方学科术语以汉译新语的形式进入中国学术话语的基础表达
体系。也正是在此过程中,出现了各学科汉语术语系统中的概念类
型分化。

　　这种概念类型复杂性主要体现为三大类,即除了传统本土原有
术语和西方外来术语之外,还有一类现代新创术语,其中的子类型
尤为复杂。其中既包括西方术语概念本土传播过程中衍生出的新
创术语表达,如20世纪八九十年代,黄宗智在对华北和长江三角洲
小农经济的研究中,借用外来术语"内卷"(involution),进一步提出
了"农业内卷化"的说法,对中国乡村史研究产生了深远影响(李发
根 2017);还包括基于中国社会现实情境创制的新术语,如费孝通提

出的诸如"差序格局""长老统治""无为政治"等一系列原创术语概念；与此同时，还有立足于传统学术阐发而来的术语表达，这方面以现代新儒家思潮中涌现出的诸多原创术语概念为代表，如熊十力提出的"体用不二""本心仁体"等，牟宗三提出的"智的直觉""三统并建"等。这种基于历史复杂性延伸而逐步定型的当代中国人文社科术语系统复杂性生态实则是学术话语生态的多样性与复杂性，也是中外学术资源长期共同作用于中国本土学术实践的杂糅共生结果。术语的衍异、创生或新释是知识再生产的结果，这本身就是对术语应用复杂性的有力说明，也正是在这一以术语为媒介的知识再生产过程中，一种有别于西方话语的主体身份被构建起来，这是术语应用复杂性的深层体现。

自西学东渐以来，西方学科理性的长期输入带来了强大的话语影响。总体来看，对于中国社会科学领域中的各学科而言，"话语资源主要来自西方国家"(张涛甫 2015：22)，其学科术语概念的移植规模可想而知。例如，"中国近现代心理学史特别是现代心理学史，具有与西方现代心理学相同的科学概念体系"(杨鑫辉、赵莉如 2000：13)；中国管理学一度呈现出"西方中心论一统天下"(张乃英 1998：57-60)的话语生态，以至于"很多组织的管理者都已经被武装成现代西方管理学术语的熟练操作者"(韩巍 2005：386-391)；而在法学领域，大部分传统法学术语应用的活跃度骤减，甚至可以说是一种接近"死亡"(何勤华 1998)的状态；在其他社会科学研究领域中，类似情况不一而足。在以文、史、哲为代表的具有深厚本土学术传统的人文研究领域，基于西方外来术语汉译的话语系统重构现象同样显著。具体而言，在文学领域，"总体上西方的文学理论已经在现代中国的知识结构中成为唯一合法的知识"(吴兴明 2001：37)，"中国文论已丧失了自身的'谱系'，中国文论多维度的意义空间湮没不闻而成为西方审美式文论的附庸"(吴兴明 2001：37)，比如，"一当进入理论话语的论述程序，'文'立刻会变为'文学'，'意境'立刻会被分析为主体/客体"(同上，36)，这同本研究所关注的将中国传统译论中的"文-质"概念化归于"形式"与"内容"的二元认知逻辑这一话语现象何其相似。在哲学领域，"20 世纪 30 年代是国内大规模引进现代西方哲学的重要时期"(李俊文 2014：7)，改革开放以来又出现了西方哲学话语传播的新高潮。其结果是，"一个世纪来，用来解释中国哲学的大多数范畴……基本上都来自西方近代哲学"(陈少明 2015：82)，与此相伴的便是刘笑敢(2006)所指出的自觉化的"反向格义"现象。即便是在史学这一我国固有之学科的话语体系中，外来术语概念所占比重也十分可观。

表面上，西学带来了一套现代意义上的学科名称体系，而在更深的层面，还主要借助学科术语系统的传播与应用"构成了话语产生的一个控制系统"(华勒斯坦 等 1997：35)，悄然塑造着国人的学科观与学科话语认同感。与此同时，中国传统学术谱系则一度面临着"西学之分科切域的目光下的肢解性研究"(吴兴明 2001：214)。西方学科术语的强势传播与广泛应用往往以压制本土学术模因的活性为代价。本土术语创新和传播情况如何应作为汉语学科术语批评着重关注的方面。

7.3　中国学术话语构建的术语批评路径

"批评"一词的本义指对事物的优劣进行评判①，而作为专业术

---

①　释义原文为"to pass judgement upon something with respect to its merits or faults"。https://oed.com/view/Entry/44601? redirectedFrom= criticize# eid

语的"批评"同样沿袭着评价与判断这一核心语义要素,早期多应用于文学研究,随后逐渐拓展至其他领域,显现出强大的模因效应,形成了包括"文学批评""艺术批评""历史批评""生态批评"等在内的批评术语谱系。不难看出,在"批评"模因的跨域传播与应用过程中,批评实践的对象与方法也愈加丰富,本文提出的"术语批评"其实也是这一模因效应的产物。由上文可知,汉语学科术语系统的百年演进历程十分复杂,其中交织着学术传统的绵延、中西"智识线"的交汇与话语博弈等一系列知识实践。这期间,本土传统学术知识谱系不断被改写,各学科汉语术语的概念类型逐渐分化,同时伴随着术语的创新应用和新术语的创制。立足于对汉语学科术语系统复杂性的整体认知,术语批评实践需要回应三个基本问题。其一,该学科术语系统的构成现状如何? 主要包含哪些不同类型的概念? 其二,该学科术语系统的源流脉络是如何形成的? 源流概念的特点如何? 其三,该学科的本土术语创新实践及其影响力如何? 回答这三个问题其实就是对中国学术话语的现状、历史与发展做出"评价与判断",为其进一步创新构建提供参考。下文将就术语批评的这三个维度做扼要解析。

就学术话语构建的现状分析而言,进行术语批评实践的第一步,就是按照中西知识来源类型梳理该学科术语系统的构成组分,这其实是一项艰巨的学科话语基础资源建设工作。这方面,南京大学于 2017 年建成的人文社会科学全学科术语库 NUterm 便是一次有益尝试(魏向清 等 2020)。以该库为依托,能够对各学科术语系统构成进行全景式的观察与整理。Wei (2018)就曾以哲学学科为例,对传统、外来和新创哲学术语分别进行了统计,这其实是根据知识类型对汉语哲学话语基本情况进行的一次摸底探察。当然,对于不同性质的学科,西学东渐带来的话语影响也有所差异。以教育学、民族学、艺术学等为代表的汉语学科,本土丰富的现象与经验材料是学科话语形成过程中重要的基础资源;而以统计学、心理学、新闻传播学等为代表的汉语学科,西学横向移植的话语影响至为深远。因此,各汉语学科术语系统的源流演变实际以及最终呈现出的中西杂糅特质自然也不尽相同,这就需要深入至各学科的真实话语生态,分别就其术语系统构成进行描写与统计。以绘画这一艺术门类为例,赵连振(2019)发现,在该术语子系统中,75.57%均为中国传统术语概念。相比之下,传统术语数量在心理学和教育学中就比较有限,据 NUTerm 术语库中的数据统计显示,教育学中有 1379 条传统术语,占术语总量(6564 条)的 21%,而心理学中相关术语则不足 20条。此外,心理学中,除极少量本土术语之外,其他均为汉译而来的西方术语。而在教育学中,除上文提及的本土传统术语和 3509 条(53.5%)左右的外来术语之外,还有 1676 条(25.5%)现代新创汉语教育学术语。据此,我们可以进一步思考相应学科本土传统术语的挖掘是否充分、西方外来术语的表达是否规范等话语构建问题。

就学术话语构建的历史审视而言,在明晰术语系统构成类型的基础上,可以进一步去分析不同知识来源的术语群落各自有何特点,考察它们是如何逐步汇聚形成现有的术语系统的。这便牵涉到汉语术语系统之"源"与"流"的分野与联系,也就是术语批评的第二个方面。景天魁(2017:37)在梳理中国社会学学科史时,曾专门就学术之"源"与"流"做了区分。其中,"学术之'源'是指一个学科的文化基因、文化之魂。它是本色,是基质,是历史确定并延绵下来的,是不可移易的。……学术之'流',不论多么强大,都不具有基因的意义,它是可以移易的"。显然,汉语学科知识之"源"在于中国人文传统,或具体而言,在于中国传统术语概念群,而中国学科知识之"流"的形成,很大程度上离不开外来学科术语的汉译及其本土传播应用。借助对汉语学科术语系统的源流考辨，尤其是对于特定学科内传统术语资源的探颐与汇知，将十分有益于深入认识该学科领域的中国学术思想史，乃至重述中国人文社科领域的学科史。

前文已论及，触发中国学术现代化百年演进的一个深层动因在于来自西方的学科理性。毋庸讳言，西方学科理性的本土化传播与应用，对中国当代学科建设产生了深远影响。其影响不仅表现在对各汉语学科话语的补给这一实践层面，与此同时，移植而来的西式学科标准也在悄然塑造着国人的学科观与学科认同感。如今，谈及中国人文社会科学领域的诸学科，人们常称之为"舶来品"，似乎早已习惯于"言必称希腊"，对西方学科术语的广泛应用与强势传播已司空见惯。这一话语实践常态其实也正体现着西式学科标准的同化效应。值得注意的是，学科话语的西化势必会勾连学科史话语取向，当中国学科史也要从"西洋的新旧学说"讲起，就意味着，中国传统学术知识谱系要被扣上"前学科"的帽子，被置于学科史话语之外。

学科史的纵深问题其实牵涉到学科的名实之辩。什么是学科之名呢？学科之名作为学术门类标签，是在学科知识体系发展过程中人为抽象、总结而来的，在中国学术现代化的历史语境中，它们大多译介自西方。而学科之实指的是学科赖以存在的知识之本，以术语概念的创生为生发始源标记。学科史可理解为学科知识的生发累积过程，回顾历史不难发现，汉语学科知识话语是近现代以来在西学东渐历史大潮的持续影响之下不断演化而成的。这种知识迁徙现象其实是在本土学术传统和西学体系共同博弈之下形成的知识接触与知识生产活动。从这一历史立场出发，中国的学科史实则历经了本土学术传统的绵延与中西"智识线"的交汇以及中西知识体系的竞争这一系列复杂知识实践阶段。伴随着这一独特知识实践进程,本土传统文化知识谱系不断被改写,中国各学科术语系统的内在理路和表征形态呈现出独特的复杂性。显然,这一历史演进过程并非纯粹借助西方学科史可予以统述。反之,若贸然从西方现代学科话语出发,片面地认识本土学科史,无异于将中国学科史等同为西方学科传播史。目前在诸多学科出现的学科史话语西化现象,其缘由无不在此,而学科术语应用的西化正是其中的核心症结。中国学科史需要从各汉语学科的传统术语概念群落讲起。

无须赘言,在中国学术文化传统中,关于文、史、哲传统人文研究的话语资源尤为丰富。其中也蕴藏着大量具有学科知识价值的术语遗产,非常值得进一步挖掘与继承,为当下中国学科史话语的完善提供话语依据。相比于文、史、哲这类传统人文研究领域中本土传统术语体系生态的自足性,中国社会科学研究领域中的传统学科话语资源则表现出较强的依附性。它们往往孕育于传统人文哲学思想之中。无论是在人文研究还是社会科学研究领域,传统术语资源都具有系统发掘的广阔空间。关于这一点,在社会学领域,景天魁(2017)已做了宝贵示范,他以传统概念"群""伦""仁""中庸"为基础,通过"合群"与"能群"两个范畴,在"修身"和"齐家"两个层次上,提炼出"身""己""性""气""义""利""信"等30个基本概念,由此构建出一个群学概念体系,为重述中国社会学学科史提供了新思路。这一立足于本土学科术语资源的学科史话语构建路径对于其他学科也同样具有借鉴意义。

学科史话语以呈现本土学科知识源流为要旨,而学科知识的延绵传承需借助学科术语系统这一根本要件得以实现,学科史的演进一定程度上是与本学科术语体系发展同步进行的。反之,学科术语作为学术话语中非常重要的形式与内容双重中介物,其系统演变轨迹也是用于记述学科发展脉络的可靠参照,是学科史发展走势的指向标。可以说，术语系统的源流考辨在学科史回溯实践中的功用不容忽视。当然，在对汉语学科术语系统进行源流考辨的过程中，对于中西术语概念的比较研究同样不可或缺。例如，中国本土传统哲学术语"是抽象的、虚的意味……"（梁漱溟 1999：38），体现的是一种"直觉"（同上，121），思维，相比于西方分析性哲学概念，更像是一种"构成智识的成分"（intellectual elements）（牟复礼 2009：2）。术语异质性其实反映的是深层次知识逻辑和话语思维的地方性差异。源流考辨与中西比较对于理性认识不同类型术语知识的学术价值，维护多元学术话语格局大有裨益。

就学术话语构建的走向预判而言，在术语批评实践中，如果说对于术语系统的全景式整理属于类型描写，源流考辨与中西比较侧重概念分析，那么接下来，对于术语创新实践的考察则是应用评价，最终能够服务于中国话语权的建设，这也是术语系统批评中最为关键的一步。提升中国学术话语的原创性与影响力是当代各学科自主性发展的共同诉求。而术语系统批评的要务，就是从术语应用层面来考察学术话语的原创性与影响力。学术话语知识内核的形成及其影响力的提升均有赖于术语的生产与应用。新术语的创生，其中也包括原概念的衍异与新生此类情况，是原创学科话语实践的显著标志；而术语的传播与接受则代表着认知主体对于相关学术知识与话语的认同与吸纳。相比于西方学科理性本土植入过程中带来的强大话语影响，汉语学科话语原创实践整体来说稍显滞后，但其中也不乏一些原创实践成果，其中既包括传统文史哲话语，也包括学术现代化转型期中的现代新创话语，如新儒学思潮、费孝通引领的社会学中国化研究范式等，还有部分当代话语创新实践，如文学伦理学批评方法论、生态译学等。术语批评需要基于这些现有的本土话语创新实践，分析其理论话语的术语系统表征，重点考察其中新术语的创生逻辑和应用情况,形成客观深度的知识评价。其中,要尤其关注这些原创术语在真实话语场景中的跨语传播与接受情况,记录他者的解读与认知,以此反思本土学术话语的国际影响力。这种基于术语及其系统批评的深度学术评价,特别是理论话语创新的评价,在很大程度上将引领中国人文社会科学学术话语体系的未来走向。从方法论意义上来说,这是术语及其系统批评最重要的价值所在。

以上提出的术语批评是借助对术语及其系统本身的多向度考察,反思学术话语现状、历史发展和影响力等学术话语构建相关问题,其实质也是一种深度的学术话语批评实践,具有方法论意义上的重要性。在操作层面,大型学科术语库是术语系统批评与应用研究赖以开展的资源依托。立足于大型学科术语库对术语系统进行类型描写、概念分析和应用评价是未来中国学术话语创新构建的必由之路,也是有效解决中国学术界长期以来"集体话语焦虑"的实践之路。

7.4　中国人文社科术语库的价值重构

通常而言,构建术语库是借助一定的数据模型将有关概念或其指称的数据整合起来。这一过程需挖掘术语在形成、传播与应用中留下的话语印迹,从中选择符合规范的优质信息储存起来并推而广之。某种意义上,术语库可看作一种特殊的记忆库。语言记忆与知识记忆的收集与再现是术语库构建的基本任务。中国人文社科术语库的建设当然也可以理解为一种记忆构建行为,它要收集与再现的是具有本国地方性特色的学术话语演化印迹。中国人文社科术语库的构建旨在以学科术语为枢纽承继与传播本民族的语言记忆、知识记忆与学术文化记忆。其中，挖掘与汇集各学科领域传统术语资源至为关键。这些传统学科术语数据不仅代表着本土语言记忆与知识记忆，还具有本民族文化记忆的特殊内涵。

当今世界，西方知识的国际传播与同化影响在全球范围内占据明显的历史优势。中国人文社科术语库的功能在于存储本土学术文化记忆，同时向世界分享本土记忆，或者按照阿莱达·阿斯曼（2016）的观点，发挥出"功能记忆"的作用。功能记忆作为一种知识实践，可以理解为一个"经过选择、联缀、意义建构的过程"（同上，151），目的是将"暂时没有进入功能性意义位形中的知识的储备"（同上，150）获得认同与合法化。显然，不同于普通的地方性术语库，中国人文社科术语库除了具有提供术语语言信息、辅助本土知识的规范表达之类一般功能之外，还内含着信息时代新型文化符号的特质，有助于促进人类知识深度互动与多元化发展，使人类共同的文化记忆内容变得更为丰富。

在对中国人文社科术语库的功能本质形成一定的认识之后，相应的标准化建设路径也随之得以明晰。根据国际通用标准文件"ISO/IEC Guide 2: 2004 Standardization and Related Activities: General Vocabulary"的释义，标准化工作是一种设立规定的活动，其目的是让对象产品、程序或服务能够实现自身应有的功用①。可想而知，标准化工作开展的前提是要明确标准化对象的功用，这就需要事先对其有一定程度的了解与认识。相应的认识水平则会影响标准化工作的实施进展与后续成效。要言之，标准化工作须先"知"而后"行"。对于术语库而言，术语库的标准化过程需要首先立足于相关术语实践，并形成相应的理论认识，即"行是知之始"，之后基于这些理论成

---

① 详见该标准文件条文 1.1 和 2.1 部分。

果提炼出适用的方法与原则来指导术语数据的加工,即"行者知之成"。中国人文社科术语库的建设也需要遵循这一知行合一的实践逻辑。

从国际上术语管理相关的标准化工作经验来看,普通术语学所强调的概念本位理念是公认的学理基础,也是术语库通用标准中相关条文立论的科学依据,是建库之"知"。但在具体的术语库构建实践当中,这些通用原则往往需要同一定程度上的实践创新相结合才能发挥出良好的指导效用。例如,构建克罗地亚国家术语库(STRUNA)①时,就有学者在反思现行国际标准的基础上,提出将术语编纂一般原则同百科化概念描写相结合以及基于领域认知模型处理跨领域术语语境信息等一系列数据加工新方法,对于该库的标准化建设产生了重要影响。(Nahod 2015)而这些创新实践离不开原创研究的驱动。术语库的构建实质上是一种地方性实践。它是为某一团体或国家内部,乃至某些国家之间所需的语言与知识实践提供服务。正是由于需求的地方性差异,术语库的功能与类型特质往往并非整齐划一,术语管理的一般原则与方法在具体实施中自然也会不同程度地显现出适用局限性。中国人文社科术语库作为一种具有国别化特征的新型术语库,其构建目的在于促进国际社会能够"从中国的角度来认识和理解中国"(郑永年,2018:18),也面临着标准化实践创新的现实需求。

我国的术语库构建实践启蒙于 20 世纪 80 年代,整体上深受西方建库经验的影响,相关标准的研制也多参照同主题的国际标准。相应地,我国术语库标准化工作的学理基础很大程度上直接移植自

---

① 克罗地亚国家术语库项目(STRUNA)于 2012 年正式启动。该库网址为:http://struna.ihjj.hr/。

西方的普通术语学理论传统。普通术语学中的概念本位理念与术语标准化原则极大地推动了我国早期本土术语库建设事业的发展，这一点不言自明。但对于新时期出现的具有显著特殊话语功能特质的中国人文社科术语库而言，数据内容的特色性决定了其具有不同于一般术语库的类型特质，这种情况下，我们就需要在普通术语学思维的基础上，进一步探索中国术语实践尤其是各学科传统术语的特点，丰富建库之"知"的维度。

中国传统学科术语因其概念内涵的丰富性与互文性可能会呈现更为强大的语义张力与丰富的阐释空间。对此，我们不妨以术语"鼎"为例略作说明。鼎是华夏先民创制的炊器，后作为神器用于祭祀，在商周时期发展成为重要的礼器，并成为中国传统礼乐制度的象征符号。(张常勇、程相占 2008)同时，基于鼎的意象还衍生出其他具有特殊文化含义的术语概念。例如，《汉书·郊祀志》记载："禹收九牧之金，铸九鼎，象九州。""九鼎"这一术语指代大一统王权的合法性。又如，鼎卦作为《周易》六十四卦之一蕴含着深刻的"为君之道"思想。不难发现，术语"鼎"的多元概念义项之间存在着有机关联，这其实正是中国特色术语概念另一特性的重要体现，即概念互文性。这种共时性的层级性与联想性概念关系并非一朝一夕可以形成的，而是有其历史沉淀，或者说，是历时发展的结果。认识到这一点，对于明确中国传统人文学术话语系统内部的概念联想关系而言，尤为重要。

"精神的绵延性是传统强大之所在，而强大的传统总是通过各种渠道越过物质的障碍留存下来，对现代文化施加影响。"(蒋原伦 1998:3) 术语概念的历时系统性，正是体现了本土知识传统中的延续性机理，特别是由此搭建起的概念联想逻辑，也是形成其话语异质样态的原因之一。例如，源于《老子》的"无极"这一概念在《庄子》

中被多次提及,与此同时,《庄子·大宗师》中又出现了"太极"这一概念,并在后来的《易传·系辞》中发展成为易学最高范畴。而在周敦颐的《太极图说》中,"无极"与"太极"这两个源于不同话语时空的术语概念共同构成了两个道家经典命题,即"无极而太极""太极本于无极",这两个概念也从中获取新的联想关系。又如,"理"作为朱熹宇宙论中的重要概念,也是张载思想体系的核心。在朱熹的理气观中,"理"同"气"共同构成了二重结构;而在张载思想体系中,"理"则隐匿于"天""道""性""心"这四大基本范畴之中,从张载到朱熹,"理"这一术语呈现出历时性的内在发展关联。

由上可知,中国人文社科术语库遵循的是一条"研究型"建库路径,即首先需要从中国术语实践之"行"中提炼出其中的理性之"知",下一步则是以这一阶段的研究成果作为数据加工标准,从而实现由"知"向"行"的回归。在其他同类国别化术语库的构建实践中,这一知行合一的实践路径也具有一定的指导意义。

新时期中国特色话语的构建可以看作对西方知识"殖民"倾向的一种回应。所谓知识"殖民",即西方知识的应用从认识与方法层面提升至价值层面,成为知识合法性的唯一标准,由此产生西方中心化的知识生产格局。这也往往伴随着"殖民"地群落的话语边缘化危机。放眼世界,这其实并非只是当代中国才面临的历史遗留问题。实际上,"亚洲其他国家在知识体系上也都被西方所'殖民'"(郑永年 2018:183)。传统与现代的张力关系、民族性与全球性的身份博弈是这些国家文化生活中不可回避的论辩议题。那些常常处于文化低势位的地方性知识始终面临着被表达、被理解与被接受的客观诉求。国别化术语库的建设便是促进实现这一诉求的有效方式,它同时是一种借助对外传播的过程性实践来促进文化自塑的前瞻策略。即便是在欧洲集团内部,处于话语场域相对边缘位置的国家也会有意识地强调通过自主构建术语库来促进本土知识国际影响力的提升。(Mihaljevic & Nahod 2009)从这个意义上讲,中国人文社科术语库的标准化构建实践的价值是巨大的,它不仅仅可以作为中国当代学术话语构建的标志性成果,也将在世界范围内的国别化术语库建设实践中起到良好的示范作用。

中国学术话语体系的构建有着极其鲜明的政治、历史和文化特殊性。近现代以来,中国人文社科学术话语构建实践的自觉意识日益凸显。晚清时期便形成了"借西学发明古学"(左玉河 2005:228)的话语构建模式。20世纪70年代以降,学术话语构建再次引起中国人文社科领域学界同仁的集体性反思,并发展成为新时期民族复兴事业的重要内容。在此期间,中国学术话语构建相关的理性思考也初成体系并显性地呈现出来。就前述章节梳理的文献来看,现有研究既关注到中国近现代学术话语体系的历史构建问题,其中涵盖学科史、学术史、思想史、翻译史、文化史、语汇史等视角,同时又囊括了针对中国当代人文社科分支学科话语的探讨。这些研究成果对于明晰中国学术话语构建的跨语性本质、历史性与过程性表征及其民族性与世界性价值均有一定的积极意义,从而有助于在本体论、认识论与价值论层面上较为全面地揭示中国学术话语构建的复杂性。但与此同时,我们还注意到,相比之下,现阶段关于中国学术话语体系构建方法的理论思考,亦即方法论研究,尚显乏力。

方法论作为"有关方法的理论与学说"(王崇德 1990:18),"一种概括性的知识"(同上,18),具有描述性、规范性与预测性的基本功能(同上,22),是中国学术话语体系构建进程中不可或缺的理论参照系。方法论的完善与否同时还关系到中国学术话语构建研究作为一个独立学术研究领域的必要性与合法性问题。从中国学术话语构建实践自觉走向构建方法论自觉是客观必然趋势。

　　人文社科学术话语体系的形成并非一蹴而就,而是历经了从生发到衍化的过程。这一过程暗含了承继与发展的机制,其中既有历时历代的延续性,也有主体范式的不可通约性。在此基础上,学术话语才可能形成错位断裂式的谱系化拓展与延伸。简言之,其整体性表征是历史性构建实践的结果。中国人文社科学术话语体系的构建同样如此。方法论"是人造的思想体系,属于主观辩证法的范畴,是客观辩证法的反映"(王崇德 1990:22)。服务于中国学术话语体系构建的方法论关乎其整体构建的机制问题,同样需要以明晰其历史构建的"客观辩证法"为基础。这种整体观与历史观是方法论自觉所需的两个基础向度。这就要求我们首先要对中国人文社科学术话语整体构建的实践过程展开批评性研究,"知其变迁、发展之由",从而能够进一步反思中国当代学术话语有待优化的方向与可拓展的方面。其中,关于各学科汉语术语系统的形成与发展这一话语基础构建方面的理性思考不可或缺,它是实现学术话语构建深度批评的必要探索,是学术话语体系化构建实践的前提,理应作为方法论自觉中优先予以关注的重要内容。

　　学术话语作为学术文化的表征,具有语言性与思想性双重内涵特质。学术话语构建既是以学术思想为基底的语言实践,也是以语言为介质的思想实践。在这一双重实践中,术语作为一种特殊的语言单位、知识单位与话语单位,其创生、应用与传播具有基础性的话语构建效应。换言之,在学术话语构建实践中,术语发挥着科学元语言的功能。术语相关实践的理性思考自然也十分契合学术话语构建方法论的基础向度。这个意义上,以上有关术语批评理论与实践的探讨或许可以视为中国当代学术话语构建方法论创新的一次尝试。

第八章

中国学术话语构建视域下的
术语翻译理论创新

就世界范围内的语言接触实践来看,术语的翻译是其中的一个常态现象。正因为如此,国际译界与译学界对于术语的翻译均有不同程度的关注。但是,由于不同语言对的异质性程度存在差异,同时,不同语言接触实践所处的社会历史与文化背景也存在地缘差异,其造成的术语翻译实践的复杂性也会有所不同。这在很大程度上决定了地方性术语翻译研究在主题内容、方法维度与价值思考等方面势必也会存在差异。

中国的术语翻译实践以独特的汉语语文体系为依托,同时扎根于中国本土学术文化的历时演进,中国的术语翻译研究具有久远的历史传统与广阔的拓展空间。相比之下,西方的术语翻译相关研究在视域和论域上则明显不同。相关研究常以专门领域的术语跨语实践为依托(例如, Morton 1978; Lambert 1981; Maia 2005; Marco 2007; Biel 2008; Khuwaileh 2010; Roseni 2011; Mack et al. 2013; Norberg & Johansson 2013; Matulewska 2014; Januleviciene & Rackeviciene 2016; Michalak 2017; 等等),研究问题往往面向语言研究内部本身,即最终要解决"如何译"的问题。而这也恰恰限制了术语翻译研究内容的多样性。宇文所安(2002:15)在探讨中国传统文论术语的英译时曾说过:"关于一部分术语的最佳英译,已不乏讨论;其实没有什么最佳的翻译,只有好的解说。"这一观点为我们重思中国语境下术语翻译研究的空间带来很好的启示。术语翻译研究不应停留于解决"如何译"的问题,而是需要顾及译前的背景、深入至译中这一过程并拓展至译后的影响追踪。

对于中国学术话语的形成与发展而言,术语的跨语应用与传播,亦即术语翻译实践,具有独特的功用与价值。据前文所述,中国学术话语体系的现代化转型是在西学东渐的历史文化背景下进行的,正是借助各学科领域外来术语的汉译与应用,中国现代学术话语体系之基础得以成型与演化;同样地,中国当代学术话语国际影响力的提升也离不开本土原创术语的外译与传播。中国学术话语构建视域下的术语翻译具有独特的实践特征与理论内涵,值得深刻反思。

8.1　中国术语翻译研究的传统与演进

纵观中国翻译史上中外智识线三次交汇的历程,术语翻译是其中不可回避的翻译实践问题。这一点可以从史料记述中客观反映出来。例如,佛经翻译时期有法云所编的《翻译名义集》,其中所列音译梵文达 2000 余条,并附有出处、异译和解释等信息;利玛窦致力于驱散"异教的黑暗"时曾感叹:"字义相求,仍多阙(缺)略";清代的高凤谦则以"辨名物"为译书之要;梁启超指出"翻译之事,遣辞既不易,定名尤最难";杨镇华(1935)在《翻译研究》第二章"名的翻译"开篇伊始,即引用严复、梁启超名言重申术语翻译不易;等等。时至今日,术语翻译已经发展成为大众翻译时代跨语实践常态。相应地,在理论探讨层面,传统的译名研究与当代术语翻译研究交辉的状貌也成为我国译学话语特色之一。

译名问题作为术语翻译问题的典型显现,在中国传统译学思想中占据了突出的位置。"考察中国翻译研究的历史,译名问题的研究占据了非常重要的、也可以说是核心的地位。在某个翻译时期，围绕译名的探讨往往就是该时期译论研究的焦点。"（魏向清、赵连振 2012：98）在佛经翻译时期，基于佛经术语翻译实践产生的译学话语已初具规模，并在理论层面初有建树。例如，僧瑞曾在《大品经序》中明确讨论过佛经翻译实践中的名实问题："而经来兹土，乃以秦言译之，典谟乖于特制，名实丧于不谨。致使求之弥至，而失之弥远；顿辔重关，而穷路转广。不遇渊匠！"这里，僧瑞已经深刻认识到术语翻译对于传经成效的关键影响——名实不谨或可导致传经事业"殆将坠矣"。又如，玄奘在《大唐西域记》序言中曾指出音译失误带来的消极影响——"音讹则义失，语谬则理乖。故曰'必也正名乎'，贵无乖谬矣"。此处所引的"正乎名"即是关乎术语翻译准确性这类基本问题。其后，玄奘根据自身主持译经的经验，制定了"五不翻"原则，即"秘密故不翻、多义故不翻、此无故不翻、顺古故不翻和生善故不翻"。这其实是对术语音译原则所做的系统化尝试。唐末的景霄还针对"五不翻"中的"此无故"这一情形，提出"正翻"和"义翻"的策略。再如，北宋时期的高僧赞宁在总结前人译经经验的基础上提出"六例"说，其中首例"译字译音"便是针对佛经名词翻译提出的，其中又包括译字不译音、译音不译字、音字俱译和音字俱不译这四种情形。这里的译字是相对于译音而言的，类似于现代意义上的意译。

　　自明清科技翻译活动兴盛以来，自然科技文本的译介往往伴随着不同知识领域新名词的输入，这给当时从事翻译的精英阶层带来了极大挑战。例如，徐继畬在《瀛环志略》序中曾直指外国地名汉译的困难，由于汉语具有同音现象丰富等特殊性，"以汉字书蕃语，其不能吻合居十之七八"。他的解决方法是"将译音异名注于各国之下"。徐氏的做法间接反映了翻译高潮期间一词多译的现象。实际上，同佛经翻译时期相比，这一时期的翻译实践在"会通"思想的影响下，加之文本类型的变更与丰富，译名方法格局有了明显的改观，不再局限于前一时期较为单一的"格义""音译"之法，转而追求创译。这也是这一时期译名多样性的主要缘由之一。随之而来并被提上议程的便是译名统一的问题。特别是"鸦片战争以后，翻译外国书籍日益增多，便产生了如何统一译名的问题"（马祖毅 2004：455）。相应地，关于实践层面上译名统一问题的讨论也是这一时期译学新论的主要来源。其中的代表成果首推傅兰雅关于规范科技名词译名的阐述。在 1890 年的第二届全国传教士大会上，傅兰雅宣读论文《中文术语：当前的差异和寻求一致的方法》，提议成立专门委员会，收集中英科技术语，编辑词汇表。他在《江南制造局翻译西书事略》中还提出厘定新名词的具体方针与方法，其中涉及"华文已有之名"的情况，"凡前人已用者，若无不合，则可仍之"，而"若华文果无此名，必须另设新者"，具体可"以平常字外加偏旁而为新名"，或"用数字解释其物"，或"用华字写其西名"。此外，高凤谦在《翻译泰西有用书籍》一文中也提出统一译名的方法，他认为"其为中国所有者，以中国名名之。中国所无者，则遍考已译之书，择其通用者用之。其见于译书者，则酌度其物之原质与功用，而别为一名"（转引自马祖毅 2004：455）。

随着西学翻译大潮的推进，人文社科文献的译介极大丰富了术语翻译的实践类型，也为当时关于术语翻译的讨论提供了更为丰富的素材。中国翻译史上著名的译名之争便是在这一背景下登场的。1910 年，章士钊在《国风报》发表了《论翻译名义》一文，专门讨论义译、音译之得失。可以说，"章士钊对中国近代译论的贡献，主要就是带头开展了一场有关西方学术专名的翻译方法的讨论"（高华丽 2013：41）。其后，胡以鲁提出术语翻译的二十条义译原则，其中涉及

"吾国固有其名""吾国未尝著其名"等翻译情形,可谓全面至极。值得注意的是,胡氏在文中明确指出"汉土学术不精,术语自必匮乏"的现象。这一点,可以说体现了对于术语之学术功用与价值的深刻理解。其后,朱自清也加入直译意译之争的讨论,并以一篇《译名》对这场论争做了"终结性的总结"。这场译名之争的影响可谓深远。在 1935 年出版的《翻译研究》中,杨镇华还专辟一章阐述"名的翻译",他在系统回顾译名研究的基础上,分别描述了音译意译的利弊,并针对不同类型的术语提出相应的方法建议,其中包括"实物名""学术上的抽象名词""官职制度等名""人名地名"以及"现代流行语"。

"就术语翻译而言,丰富的术语翻译实践为术语翻译规律的探索提供了原材料,也是我们研究人员的一笔宝贵财富。我们当然可以从历史出发,探索中国术语翻译的理论建构。"(陶李春、张柏然 2016:84) 某种程度上,以上所述的传统译名研究便可以视为探索中国术语翻译理论建构所做的初步尝试。与此同时,这些传统译名研究的成果,连同其生发的历史语境与语言材料一并成为当代术语翻译研究中再阐释的对象。例如,范守义(2002)系统梳理了中国思想文化史视域下的定名沿革与术语翻译现象;郭丹、蒋童(2011)描述了中国传统译名研究的历时阶段性,并指出贯穿其中的主线是译名统一问题;朱志瑜、黄立波(2013)从翻译史的角度,按照"译名原则与方法"与"科学译名统一"两大范畴梳理历时产生的译名译论;张景华(2016)从翻译暴力的视角分析了清末民初西学术语译名的归化异化现象;等等。

中国当代译学语境下的术语翻译研究呈现出日趋繁荣的样态。据知网(CNKI)粗略检索显示,以"术语翻译"为主题的文献几乎涵盖各个类型学科知识领域,且呈逐年递增之势。这一点,在相关实证研究中已得以证实。例如,陈智淦、王育烽(2013)通过定量分析,发现国内外语类 15 种核心期刊(2000 年至 2011 年)发表的有关术语翻译研究的文章在整体上呈现递增的趋势,所涉及的专业领域日益广泛,主要集中探讨术语的翻译方法、原则及汉译术语的规范化等问题;信娜(2015a)针对 2000 年至 2014 年中国国内术语翻译研究的发展趋势及特点进行定量和定性分析,研究表明,中国术语翻译研究的文献量呈总体上升趋势,其中,语言学视角是术语翻译研究的主流,术语、科技、中医等构成近十余年术语翻译研究的热点。

同传统译名研究相比,中国当代术语翻译研究在研究视域方面得到明显拓展。这首先表现为术语翻译本体理论构建意识不断增强,其中产生了不少旨在阐明术语翻译实践中的普适性规律或原则的成果。例如,方馨(1969:113)认识到术语区别于普通名词的特殊性,即"一个新名词代表一种新的想法,或思想方式,并不像字面那么简单。新名词的翻译需要智慧,时间上的考验,还要看大众接受与否",并基于此提出,"'从众'与'从俗'两个原则大体上能应用到各名词的翻译上去"(同上,125),同时还前瞻性地建议成立一个正式的机构,"把新名词的意义和背景加以解释和介绍,然后将译名公布出来"(同上,125);张沉香(2006)尝试构建影响术语翻译方法的因素体系,其中包含语言内在本质属性和社会文化外部因素;吴志杰、柯平(2011)以 hacker、cracker 和 honker 三个术语及其译名为例,提出厘定术语译名时的五个步骤,具体包括厘清术语的内涵与外延、评估术语在新语境中的使用价值、分析术语译名的理据性、调查术语在新语境中的使用状况并预测术语译名的能产性;胡叶、魏向清(2014)基于《语言学名词》中相关数据的统计分析,尝试提出术语翻译的系统经济律;信娜(2015b)提出术语翻译思维单位转换说;等等。

值得注意的是,在术语翻译本体理论构建过程中,跨学科的视角往往不可或缺,这是中国当代术语翻译研究在研究视域拓展方面的重要表现。例如,孟令霞(2011)从交际术语学角度提出术语翻译是根据具体文本语境进行选择的过程;石春让、路晓红(2012)基于翻译生态学指出术语翻译过程的生产性和社会性这两大生态功能;魏向清(2014)从术语翻译过程的传播属性出发,将术语翻译定义为跨语知识传播的过程,其中涉及知识的传递、控制、游戏、权力、撒播以及共享和互动诸特征;仇蓓玲(2015)从"博弈论"的理念出发阐发术语翻译中"译者主体性"的重要性及其运作模式;等等。

实际上,术语翻译研究的跨学科性不仅仅表现为对其他学科现有理论的借用与阐释,它还表现为,术语翻译作为历史活动与社会文化活动中普遍存在的现象,成为不同学科视域观照下相关研究的重要线索与路径。例如,在史学研究方面,德国史学界的概念史研究范式正是主要通过分析社会政治概念的历时衍化及其使用情境进行历史研究,其中当然包括术语概念跨语传播的情况;金观涛、刘青峰(2009)以"民主""共和"等政治术语的原始语境与跨语传播情境为线索展开思想史研究,这一研究路径同冯天瑜(2006)《"封建"考论》中展现的历史语义学方法可谓异曲同工。在相关文化研究领域,术语翻译的重要性多有论及,如郑声滔(1991:79)将术语视为"进行科技文化交流过程中含信息量最大的基本语言单位"以及"科学语言句法结构上的纽结",并以此论证术语翻译在文化交流中的重要意义;周有光(1992)就强调了术语翻译在文化传播中的关键角色。与此同时,术语翻译在相关文化研究中的方法意义也有所体现,例如,高圣兵(2008)和程小娟(2013)分别基于术语 logic 和 God 的汉译问题,展开对中西知识文化历时接触、碰撞与融合的探讨;张法(2009)通过分析日译新词和严复译名,探讨中国当代哲学语汇的缘起与定型,进而引发对中国当代哲学话语构建的思考。

当下,随着翻译研究的文化转向同人文社科研究的翻译转向交相呼应,术语翻译作为人文社科研究中的一个常见论证线索与理路,其在史学研究、文化研究、学术话语研究等交叉学科研究领域中的应用价值已经不断得以明晰。这意味着,我们在研究术语翻译现象的同时,其实也在进行着史学研究、文化研究;反过来,这些学科领域中的诸多研究成果也能够为开展术语翻译理论本体构建提供可靠的学理参照。对于术语翻译研究而言,跨学科研究为突破语言本体视阈的束缚,转而从社会文化的高度反观术语翻译理论的构建提供了多元视角,这在丰富术语翻译研究维度的同时,也带来了拓延术语翻译理论深度的可能性。关于术语翻译在学术翻译实践与学术文化演进中的独特功用与价值的理论思考就是一个显著信号。

例如,辜正坤(1998:52)在《外来术语翻译与中国学术问题》一文中指出:"重大术语翻译过程中的疏忽或轻率态度无疑会对中国学术研究产生难以估量的后果。"这一观点在其后为《翻译与中国现代学术话语的形成》所作序文中得到进一步阐发,他认为,术语误译积累到一定程度势必会引起畸形的学术话语西化现象。(彭发胜2011:2-3)刘颖(2004:81)认为,"术语是一切文化范畴的基本粒子,术语的翻译不是概念在语言间的等价转换,而意味着思想的冲击和交流"。黄顺铭(2005)将术语的应用与传播视为一种重要的学术话语实践形式,而术语翻译的规范程度将影响学术生态的健康情况。魏向清(2010)论证了术语的翻译策略选择同我国相关领域学术生态的有机关联,并提议"民族化"与"国际化"作为术语翻译策略应双管齐下,以同时确保人文社科领域学术交流的规范化以及民族语言文字的净化。古俊伟(2011)以外来术语 soft power 的汉译之争为例,探究了外来术语的引进与学术本土化之间的关系。刘润泽、魏向清等(2015)阐述了术语翻译的知识传播与理论生发功能。李学军

(2017)提出要通过提升术语翻译质量服务于对外话语体系构建的观点。罗选民(2017:IX)则点出了术语翻译同文化身份之间的关联,"比如哲学著作的翻译,术语的误译可能带来意识形态的误导,甚至是文化身份的扭曲"。

以上例举的诸多研究及其观点已经能够初步反映出中国术语翻译研究同本土学术文化发展相关思考的内在联系。进一步就这一方面做系统性的理论探索对于术语翻译本体理论研究乃至中国当代学术话语构建研究而言都是十分必要的。

8.2　中国语境下的术语翻译再认识

众所周知,现代译学话语格局的形成与发展很大程度上得益于结构主义与解构主义范式其各自的理论建树以及二者之间的范式博弈。在这一过程中,学界对于翻译的认知也在不断地发生着变化。可以说,"一部翻译理论史实际上相当于对'翻译'这个词的多义性的一场漫长的论战"①(转引自 Wilss 2001:28)。同样地,分别站在结构主义与解构主义的立场,对于术语翻译也会产生截然不同的理解。具体而言,结构主义范式中,术语翻译通常被视为基于一定深层概念结构的语言转换活动,即借助术语语符的跨语转换来实现概念本质意义的再现。显然,结构主义思维模式下的术语翻译观有着极其鲜明的本质论色彩,而在解构主义范式中,术语翻译则被视为一种主体阐释活动,处于一种无限衍异的时空场域之中。解构主义以近乎极端的方式强调差异性的本体意义。站在反思的立场,其

---

① 原文为"Söll is thus correct in saying that the history of translation theory can be thought of as a discussion of the polysemy of the word 'translation'."

解构的实则是结构主义观照下术语翻译本质论的思维理路。

在笔者看来，要对术语翻译形成全面而理性的认识，我们需要对先前的理论范式进行批判性反思，而不是受困于各种"主义"所制造的理论框架。对此，吕俊、侯向群（2005:3）有精辟的总结，他们指出，在翻译研究中，结构主义的"弊端主要是其封闭性，把许多与翻译相关的要素，如主体要素、语境要素等排除在外，使得它的实践性受到一定程度的影响"。而解构主义"是以消解和否定一切系统和中心为特征的思潮，它倡导差异性，结果使其自身也难以形成有任何实践可能的理论"（同上，3-4）。显然，无论是结构主义还是解构主义，在解释或指导现实情境中的翻译实践时都表现出不同程度的局限性。滞留于结构主义或解构主义的自足视阈，抑或纠结于二者的范式对峙，均无益于术语翻译理论的深入构建与创新研究。

现象学意义上，结构主义与解构主义之所以会表现出一定的理论局限性，是因为二者脱离了"生活世界"的缘故。总体来看，结构主义翻译观体现的是"典型的科学主义的态度与客观主义的思维方式"（侯向群、吕俊 2008:6），它是以科学主义理性逻辑为基础的"科学世界"的产物；而解构主义作为"一种怀疑主义的思想，一种否定与反思的批判精神"（吕俊、侯向群 2005:3），实则是依附于结构主义而存在的，其结果只是引导我们"进入了另一个世界，即理论哲学的哲学世界"（侯向群、吕俊 2008:7）。二者都脱离了现实的"生活世界"，即"实际地被直觉到的，被经验到和可能被经验到的世界"（胡塞尔 1997:67），而这也正是一个译学成果最终得以检验的世界。

站在建构主义翻译学的立场，"我们讨论翻译应立足于生活世界，一切从现实出发……以寻找不同语言和文化之间相互交往的合理性为目的，这是一种生活世界的翻译观"（侯向群、吕俊 2008:7）。同样地，要对术语翻译形成系统的更为合理的认识，就需要回归术语翻译实践得以发生的"生活世界"中去,展开一种"实践优位"的"经验主义新建构"(刘大椿、赵俊海 2016)。只有这样,我们才有可能"超越那个试图证明对等词并不存在的解构主义阶段,转而直接考察这些对等关系是如何从无到有地生产出来的"(刘禾 2014:21)。如果我们返回到我国术语翻译实践赖以存在的"生活世界"中来就会发现,术语翻译实践在我国学术文化现代化转型构建中都发挥着极为关键的话语构建作用。

术语翻译现象在中国翻译实践史中尤为显著,这同中国翻译实践语境的特殊性不无关系。翻译实践在中国学术话语构建历史与进程中具有重要的工具价值与文化价值。在中国近现代化的历史进程中,翻译曾扮演着举足轻重的角色。"翻译的构建力量"(高方 2017)不仅仅体现在文学翻译研究侧重探讨的中国现代文学的萌生与发展过程之中,实际上,整体而言,中国现代学术理路与规范的形成都离不开翻译的驱动与构建作用。特别是清末民初以降,随着中西文化势差效应的持续累积,大规模的翻译实践逐渐深入至以人文社科为代表的精神文化领域,并成为推动中国人文社科学术话语结构现代化转型的中坚力量。

某种意义上,中国翻译史可以看作一部中国学术话语构建史。这是一个不断吸收外来学术思想并加以应用甚至产生反哺效应的综合过程。其中,一个横跨在中外语言体系之间的现实问题是,"不仅文字因国家地区不同而相异,而且有关概念用语也因思想体系相异而不同"(陈福康 1992:59)。表征学术思想概念的术语该如何译介是翻译实践中一个不可回避的问题。这也就不难理解,术语翻译会成为中国翻译实践传统中的典型要件,而在中国学术话语现代化转型构建的同时期,术语翻译的重要性一度成为普遍共识。例如,《奏定学堂章程》(1903)中曾有论述,"专门学术名词,非精其学者不能翻译,应俟学术大兴,专家奋起,始能议及"(转引自马祖毅 2004：456)。又如,章士钊(1910)在《论翻译名义》中指出,"翻译名义,译事中坚也",且"翻译名义之事,至难言矣"。再如,严复(1911)在《普通百科新大辞典》序中称："今夫名词者,译事之权舆也,而亦为之归宿。"事实证明,在这百年历史中译介的术语概念"大大丰富了中文学术语言,成为当代中国人思考、论述的基本工具"(陈来 2010：6)。

由于中国翻译实践历史语境的地方性与语言文化特殊性,这里的术语翻译不仅指代一种普遍存在的语言流动现象,它更是一种知识传播与话语构建行为。也就是说,术语翻译不仅仅是词汇表达的工具性输入,更重要的是,它关涉到范式与认识型(episteme)的传播(André & Peng 2012：14)。尤其在近现代中国学术文化的转型期,术语翻译同中国学术话语纹理的动态演变密不可分,而外来学术概念长期大规模的输入更是造就了中国现当代学术话语基础构型的杂糅样态。如此,中国学术话语构建中的术语翻译呈现出语言、知识与文化等多元因素相交融的复杂特征。如何在中国学术话语构建视域中重新认识术语翻译,值得深思。

术语翻译在中国本土语境下的特殊性在于,它给中国近现代乃至当代学术文化的发展带来了系统性与持续性的深刻影响。一方面,中国现代学科建制作为西方学科知识体系化传播的直接后果,其学科基础概念与知识的输入无疑离不开学科术语的大规模引进;另一方面,外来学术模因的译介产生了诸多新的术语表达,它们在极大地丰富本土学术话语的同时,还激发着对中国传统话语基础的解构与重构。可以说,中国学术"断裂式发展"的现代性得益于、同时受制于西学东渐大背景下的术语翻译实践。术语翻译的话语实践特质同术语的传播属性不无关系。我们如果从翻译的基本特征出发,结合术语以概念为本位的基本特点,可以将术语翻译概括为

"以语言为外壳的概念的转换"(魏向清、赵连振 2012:38)。如果纯粹从技术层面出发,还可以将术语翻译简单化为"尽可能从译语国度的相同学科找出等价的术语"(黄建华 2000:178)这样一个知识检索与匹配行为。而如果我们从术语自身的特殊性出发,"术语的生存价值在于它的广泛应用与传播,而跨语际、跨文化的传播则是现代术语传播的主要方面之一"(魏向清、赵连振 2012:1)。在中国语境下,以术语的这种传播性本质为把手,能够为我们深入认识术语翻译带来有益启示。

通常所讲的翻译,总是文本意义上的翻译。术语翻译也不例外。在现实传播情境中,术语翻译往往不是独立存在的关于词或词表的转译,而是共时性地存在于整个文本性的翻译实践当中。只不过,术语的"文本性"并非借助一个传统意义上的封闭的文本结构直观地呈现出来。这个意义上,谈术语翻译不能脱离翻译实践发生的实际语境。这反而使得术语的"文本性"更加开放且富有张力。其结果是,术语概念往往受到学术文化、知识系统与文本语境的共同牵制。

此外,同具有严密文本结构的翻译实践相比,术语翻译具有凸显的时空延展性。单语情境下,术语概念在应用与传播过程中,往往会不断脱离当下的文本结构,转而渗透到新的本文和知识语境;而在跨语语境下,通过再语境化参与到新一轮话语构建活动是术语概念跨语应用的必经路径。与此同步进行的是术语概念外延的丰富,这有可能会进一步引起相关术语概念内涵结构的变化。特别是人文社科领域的术语,由于其强大的语义张力与丰富的阐释空间,术语概念在跨语传播中的衍异现象更为普遍。某种意义上,术语翻译正是以这种非连续性的传播方式得以延续,呈现出一种独特的过程性特征。由此可见,术语翻译的实践载体固然微小,其统摄的视域却十分广阔，其中既牵涉到源语语境中概念系统的历史性结构，又关乎术语概念跨语传播与应用的多元复杂情境。就这一点而言，我们可以将术语翻译视为术语概念跨时空传播与应用的过程，它是学术话语实践的常见形式与有效方式。显然，在这一学术话语实践中，术语翻译并非简单地等同于"翻译术语"这一跨语定名行为，而是伴随着外来术语概念的沿用与衍异、中外术语概念的竞争与融汇、新型术语单元的创生与应用等一系列可能产生的复杂知识现象与话语效应。可以说，术语翻译具体地、历史地体现了"创造性翻译"与"创造性对等"（郭建中 2014）的文化价值。从这个意义上讲，术语翻译是记录本土学术话语构建实践的重要线索，也是翻新中国学术话语基础构型的核心路径。

中国术语翻译的历史复杂性反映了对中国人文社科学术话语构建的现实复杂性。同时，面向中国学术话语基础构建，术语翻译表现出一定的话语批评功能。具体而言，以术语翻译实践为线索，我们能够追溯中国学术话语基础构建的发展轨迹，明确其发展趋势与需求，为学术话语基础的优化重塑提供事实参照。"重塑"，顾名思义，即重新塑造。所谓"重新"，是相对于中国学术话语构建史而言的，并非指绝对意义上的推翻重构，其强调的是学术话语构建的深度问题，即对现有人文社科学科术语进行全面系统的检视与优化，使其在符合学术规范的前提下，更具中国话语特色和优势。关于"塑造"，其在字面义上意指"通过培养、改造使人或事物达到某种预定的目标"（《现代汉语词典（第6版）》，第1243页），这里具体是指借助术语实践路径来推动中国学术话语原创性的提升与学术文化身份的彰显。这需要借助两个层面的重塑实践来完成，即中国学术话语基础的内塑与外塑。

学术话语基础内塑主要是基于术语翻译的过程逻辑，推进汉语术语系统的构建性完善。辜正坤(1998:52)曾指出:"为了学术研究本身的精密性和准确性,我们的首要的工作就是对所有的学术术语(尤其是经过翻译而来的术语)进行甄别、校正,否则,根本就谈不到在学术和理论建设上有什么贡献。"实际上,这种"甄别、校正"作为用以完善学术话语基础的工作,不仅仅关系到学术研究的"精密性"与"准确性"这一语言表达问题,更重要的是,它还涉及学术话语的原创性与身份性问题。

我们知道,学术话语体系的生成主要依赖于学科概念、命题与理论的有效表述。术语作为表征学科概念的语言符号、学术话语及思想的基因,其系统构建的完善与否事关学科知识谱系的演化,会直接影响学术话语体系建设的基础或根本。从术语翻译的批评视角来看,中国学术话语现代化转型期出现的西化风潮是一种食洋不化的表现,即对于传入的外来术语概念往往缺乏全面、深入的认识,对于西学"不穷其根柢,徒以涉猎所得若干肤泛知解妄自矜炫,凭其浅衷而逞臆想"[①]。在中国当代学术话语构建语境中,我们应该清醒地认识到,之所以要开放性地引入西方学术思想,最终"正是为了不致于对西学亦步亦趋(导论"人文科学的跨学科方向",李幼蒸 1996:12)"。中国学术话语基础的内塑正是要通过术语概念的"甄别、校正"工作,实现各学科汉语术语系统的构建性完善。

汉语术语系统的构建性完善是面向中国学术话语内部的重塑实践,但这并不是说要回到"前全球化时代(余虹 1999:13)"的"相对封闭的时空界域内"(同上)自说自话。相反,中国学术话语的内塑

---

　①　熊十力在 1947 年所作《纪念北京大学五十年并为林宰平祝暇》一文中特别指出:"清季迄今,学人尽弃固有宝藏不屑探究,而于西学亦不穷其根柢,徒以涉猎所得若干肤泛知解妄自矜炫,凭其浅衷而逞臆想,何关理道? 集其浮词而名著作,有甚意义? 以此率天下而同为无本之学,思想失自主,精神失独立,生心害政,而欲国之不依于人、种之不奴于人,奚可得哉?"(转引自李清良 2007:19)

是对西方学术话语冲击的一种回应，是中西学术文化张力场域形成过程中不可或缺的话语实践。尤其是改革开放以来，随着我国对西方当代各学科理论成果的系统译介步入新的高潮，西学学术话语对于我国学术思想生态的塑型效力有增无减，中国学术话语基础内塑是当下学术话语优化构建实践中需要面对与优先解决的重点问题。具体又该如何起而行之呢？这其中的关键一步，就是对外来术语概念进行批评性反思。具体而言，在基于外来术语概念铺开应用性研究之前，十分有必要就其概念本身开展基础性的本体理论研究。这其中包括对相关外来术语概念之理论缘起做翔实的梳理，对其背后的话语构建逻辑进行系统的分析，从而对其概念学术义与学理价值做出客观而合理的评价，促进形成深度概念认知。关键的一点在于，对于外来术语概念在理论解释力方面可能存在的局限性，我们要有充分的认识，避免不必要的话语膜拜与极端信仰主义，从而不会盲目地将地方性概念的学理价值提升至普遍意义的高度。

例如，在译学领域，translation 作为一个源生于西方《圣经》翻译传统的术语概念，浓缩着西方译学界对于印欧语系内部翻译活动的基本认识，若一味地向这一西方翻译概念靠拢，将其直接套用于历来以跨语系实践为主的中国翻译实践显然是不合适的，中国传统"翻译"概念"虚涵数意"的话语优势也会随之淹没。外来术语翻译究其本质是一个外来术语概念本土化应用的过程。在这一过程中，往往也正是由于外来术语概念的相对局限性，或者说是非百分百的本土契合性，带来了概念衍异与术语创生的可能性。进一步讲，自觉地培养对外来概念的深度认知十分有助于推进相关概念发生良性的适应性转型与谱系化生发。这种本土化的术语创新应用实践同样也是中国学术共同体自身话语生产能力的一种体现，可以说是丰富中国当代学术话语基础构成的必经之路。

学术话语基础外塑则将话语基础重塑视角转向如何推进本土原创性术语的构建性传播,拓宽中国学术话语元素的有效受众面。传播可以说是学术话语的一种生存方式。在传播过程中,学术话语的学理价值得以传递、累积与生发,其学术影响力得以显现。更进一步讲,学术话语影响力的施展尤其离不开作为学术话语基础构成的核心术语概念的传播。中国当代学术话语的形成与内塑便是在西方术语概念的广泛汉译与传播效应中进行的。实际上,中国的学术话语实践具有双重跨语特征。一方面,中国现代学科体系的构建深受西方学科术语系统性植入的历史影响。另一方面,与中国学术发展的当下情境更为紧密的是其对外传播的现实需求。当今世界,经济全球一体化、政治权力多极化与民族文化多样性并存,各国学术影响力的国际化竞争已成新常态。在世界学术领域的话语交汇与知识流动过程中,学科原创性术语的跨语应用与传播成为具有学术话语权力意义的重要存在。这便对中国学术话语基础的重塑向度提出了新的要求。

在话语构建实践中,具有学术话语基因特质的学科术语,尤其是那些具有原创特色的术语,它们不仅仅是"记忆基质",同时还扮演着"传播基质"的角色。基于本土原创性术语开展的对外传播实践实际上是借助术语的"传播基质"属性,产生出汉语学术话语跨语"镜像"的过程。这一话语"镜像"往往代表着中国学术话语的身份与形象。中国学术话语基础外塑的主要任务是要推进汉语原创性术语的构建性传播与其话语"镜像"的形成,以期在译入语学术话语生态中留下有价值的"印迹"。

在构建性传播实践中,我们需要借助相应的规范方法使之避免遭受不必要的误读与原创性遮蔽的现象。所谓构建性传播,要以明确的传播意向为前提,即这是以传播中国学术思想原创价值与提升本土学术话语国际影响力为旨归的对外传播实践。那么，最大程度上保障对外传播的有效性便是接下来的主要任务。若要在这方面形成前瞻性策略与规范性方法，就需要充分考虑到术语翻译的过程复杂性。我们知道，在话语实践中，术语的传播与使用总是在一定的话语生态环境与具体语境中进行的。尤其在人文社科领域，术语翻译过程中往往有诸多来自认知主体与文化的不确定性因素，会影响到话语传播的效果。这就需要我们一方面对作为被传播对象的汉语原创术语的核心特质有足够的认识；另一方面，还需要对作为接受方的西方学术共同体的学术生态状况与受众接受倾向有全面的把握，即在强调本土概念传递的自主性原则基础上，重视他者语言与文化接受的适应性，从而有助于将传统的译名规范拓展为真正意义上的针对不同原创术语类型的差别化对外传播规范，更好地服务于学术话语外塑实践。

8.3　术语翻译对等观的重构诉求与路径

在人文社科领域，核心学术模因的遗传与变异作为深层次的知识生产逻辑，极大地推动着学术话语的创新。这一点，诸多核心学科术语的历时传播与演化现象均可予以佐证。例如，"理性"这一核心哲学术语，"其内涵是经过本体论、认识论、价值论、人性论、辩证法、方法论等角度的多重性探索而不断深化的"（黄南珊 1995：69)，而这一过程同时见证着哲学研究范式的螺旋式上升。又如，在西方传统文论向现代文论的发展过程中，"文本"从用以表征"作品"的物质载体逐渐演化为抽象的结构性概念，并在后结构主义思潮中转变为一种超语言的话语实践。再者，随着社会学理论的演进，"社区"已由最初作为区别于"社会"的"共同体"概念，逐渐演化为囊括了社会功能、地理区分等多元视角的概念谱系(胡鸿保、姜振华 2002)。在翻译研究中,"对等"正是这样一个具有强大语义张力与丰富诠释空间的学术模因。

对相似性的感知力以及类比能力是人类认知活动的一个重要方面①(Vosniadou & Ortony 1989:1)。某种意义上,翻译实践就是这种认知活动的具体体现之一。"翻译"这一概念源于跨语交际实践,是人类交际活动发展到一定阶段的产物,而作为认知活动的翻译实际上在言语交际活动之初便出现了。所谓"理解即翻译"(Steiner 2001),强调的正是翻译在言语交际与认知活动中的基础性与普遍性意义。作为认知活动的翻译,是在个体语型(idiolect)之间实现一定程度上的信息对等传递,达成同一的认知效果,从而促成人际理解与交流。我们通常所讲的翻译,即语际翻译,可以视为这一普遍性认知活动的特殊显现形式。由于跨语异质性因素的介入,同一的认知体验作为一种交际需求与追求在跨语情境中更为凸显。这便是翻译对等这一认知诉求在交际实践层面的缘起。实际上,"对等"的语义特征已经巧妙地暗合了翻译的认知性本质。根据《辞源》的解释,"对"字意指"应答""向着,朝着""匹配,敌手","等"则有"同等,同样""比较,衡量"的义项。由此看来,对于翻译而言,对等是一种本源性存在,不妨说,对等是翻译的代名词,是翻译之为翻译的独特属性②,这也就不难理解,在现代译论的早期发展阶段,"对等"往往

---

① 原文为:The ability to perceive similarities and analogies is one of the most fundamental aspects of human cognition.

② 对此,Albrecht Neubert 和 Ubaldo Stecconi 表达过相似的观点,具体表述可见 Pym (1995:166);此外,Chesterman (2016:14)也曾直接指出:"It is still widely held to be an essential concept which can distinguish translation from other acts of communication."

会作为界定翻译的核心话语标记①。

翻译理论作为对翻译实践的理性反思,自然也少不了对于翻译对等这一根本问题的考量。共时地来看,在不同地区的译学传统中,均能发现关于翻译对等的系统探讨。例如,苏联译学研究中的等同、等值翻译观堪称现代译学的奠基之论;在德国译学传统中,关于翻译对等的类型划分多达 58 种(转引自 Pym 1995:163);我国传统译学中则有一套关于"似"的话语体系(罗新璋 1990);以 Nida (1964)、Catford (1965)、Baker (1992)等为代表的英美译论对于翻译对等观谱系化发展的贡献自不待言。

这种不同译学传统之间的学理"默契",再次反映出对等之于翻译的本体意义,同时也进一步折射出翻译对等在译论体系中的元范畴地位。所谓元范畴,是指"不以其他范畴作为自己的存在依据,不以其他范畴规定自己的性质和意义边界的最一般、抽象的名言"(汪涌豪 1999:420)。元范畴往往是某一领域"抽象程度最高的范畴"(杨自俭 2003:序 6),其"内容最深刻,生命力最强最持久,而且产生的时间最早或很早"(同上)。在译学领域,翻译对等这一元范畴扮演着"遗传密码"(牛云平 2008:48)的角色。翻译对等作为译学元范畴的特殊价值在译学话语的历时演进中有显著体现。

在异质性鲜明的语言之间,翻译对等的实践张力更强,相应的阐释空间也更大。这一点,在以术语翻译为主线的中国本土翻译实践中有集中体现。各学科术语翻译是中国学术话语构建的一个基础路径。无论是翻译史上外来术语的汉译,还是新时代本土术语的外译,术语翻译对等都是相关实践的语符表层诉求和概念深层动

---

① 对此,Tack (2000:213)认为:"Both from a historical and a disciplinary perspective, focus on equivalence to define translation is probably the most common feature of translatology." Pym (1992:38-39)曾对相关定义做了较为详细的梳理。

因。中国学术话语实践中的种种迹象表明,术语翻译"对等"绝非先在的概念匹配,而是带有鲜明的"设计"色彩,其中,"令不相等的事物相等"(刘禾 2014:5)是一个常见的话语构建现象。而在这种情况下,"拿印欧语之间的翻译实践产生的概念'等值'之类来处理中文与印欧语之间的翻译实践,就必然会扞格难通"(潘文国 2012:2)。关于术语翻译"对等",可将其理解为跨语情境下术语概念的对等问题。术语翻译"对等"作为术语翻译理论的元范畴,既是开展术语翻译研究不可回避的根本问题,也是深化术语翻译理论研究的出发点。术语翻译对等研究可以说是中国译学本体理论研究的题中之义。中国学术话语构建能够为深入探讨术语翻译对等提供丰富的现象材料,与此同时,术语翻译对等研究也是深度认知中国学术话语构建规律、从而服务于中国当代学术话语优化构建的基础性理论研究。

广义而言,翻译是一种跨时空话语实践。翻译活动一旦开启,就意味着某种意义上的对等关系开始构建。翻译对等的存在本质正是在于这种实践性。术语翻译对等也不例外。问题是,具体该如何合理地把握术语翻译对等的实践性存在本质? 对这一问题的回答会直接影响到术语翻译对等观的确立以及对其价值的客观认识。很多情况下,以往的研究常从术语翻译实践的直接操作对象,即术语语符本身出发,简单地将"术语翻译"等同为"翻译术语"这样一种语符转换实践。相应地,术语翻译中的对等关系便是通过跨语对等词直接体现的。普通语言学意义上,这一静态对等观是成立的,也是术语翻译对等研究的重要认知基础。然而,这种术语翻译研究的静态对等观很大程度上遮蔽了术语翻译实践本有的特殊复杂性,进而限制了研究者对术语翻译作为话语实践本质的深度认知。在面对术语翻译的种种复杂现象时,这种静态的传统术语翻译对等观往往会暴露出其理论解释力的不足和应用价值的局限。

　　术语翻译对等研究深受术语翻译认知之视角、层面与程度的影响。术语翻译认知之深入，自然也会推进术语翻译对等研究的深化。前文已论及，术语翻译不仅仅是语符转换，它更关乎作为学术模因的术语及其系统的跨语传播与应用。这一点，在中国近现代学术文化历史演进过程中尤为突出。那么，立足于中国学术文化生态这一"生活世界"，围绕"术语翻译对等"进行的理论构建工作又该从哪几个方面展开呢？这方面，哲学研究的基础向度或能为我们带来有益启示。

　　"哲学的态度是坚定不移地试图去扩大对进入我们当前思想中的一切概念的应用范围的理解。"（怀特海 2004：233）或借用孙正聿（2016：8）的观点，哲学作为一种"'反思思想'的思想维度的理论表达"，乃是对"思想的前提批判"。所谓思想的前提，"就是思想构成自己的根据和原则"，具有"隐匿性""强制性""普遍性""可选择性"和"可批判性"的特点（同上，10）。对其进行"批判"，即是要以思辨的方式"揭示'隐匿'于思想之中并'强制'性地规范人的全部活动的'不自觉的和无条件的前提'"（同上，12）。其中，"概念、范畴，是人类认识的积淀和结晶……对概念、范畴的'思辨'，既是对'思维的历史和成就'即人类文明史的'反思'，又是对'思维和存在的关系'的内在矛盾的'辨析'"（同上，11）。对于术语翻译思想而言，"术语翻译对等"显然构成了其思想前提中的一个重要概念。对术语翻译对等问题进行哲学思辨是阐发译论新思维的必经之路。这个意义上，将哲学研究的向度运用于术语翻译对等理论研究是十分必要且必须的。当然，要扩大对于术语翻译对等的理解，深化其理论认识，不仅需要一种哲学态度，更需要系统的哲学方法。

　　哲学作为一种"追本溯源式"的理论思维，具有三重基本内涵，即"追寻作为'世界统一性'的终极存在(存在论或狭义的本体论);反思作为'知识统一性'的终极解释(知识论或认识论);体认作为'意义统一性'的终极价值(价值论或意义论)"(孙正聿 2016:140)。在哲学研究中,本体论、认识论和价值论通常被视为"铁三角",即三者彼此紧密关联且相互支撑。简单地讲,这三方面可以分别划归对应为爱德华·克雷格(Edward Craig)(2002:1)在其经典著作《哲学的思与惑》(*Philosophy: A Very Short Introduction*)中提到的三个基本问题,即"那里有什么"(what is there),"如何认知"(how do we know),"该怎么做"(what should we do)。要对术语翻译进行哲学意义上的深度思考,必然要借助这样一个"铁三角"研究范式,自觉地从这三个基本方面对研究对象做系统考察,亦即"术语翻译对等如何存在?""如何认识术语翻译对等的存在?"以及"术语翻译对等的价值如何?"

对术语翻译对等的本体论反思,需要以重新认知术语翻译现象为前提。前文已论及,深入中国学术话语形成与发展的历史就会发现,中国语境下的术语翻译并非简单等同于厘定译名这一"翻译术语"问题。术语翻译具有学术话语构建的实践本质,术语翻译过程同学术话语的系统重构、时空演化与动态传播有机关联在一起,其中关涉到术语概念的时空衍异、比附与竞争、遮蔽或创生等诸多不确定性因素。这在以价值理性为基石的人文社会科学领域尤为凸显。而术语翻译对等与术语翻译具有实践同一性,即是说,术语翻译对等不是事先存在的条件预设,更不是简单地作为术语翻译结果的对等物,而是同步存在于术语翻译实践过程当中,术语翻译活动一旦开始,便意味着某种意义上术语概念的跨语对等关系开始生发。在术语翻译过程中,基于一定的语言、知识与语境理据,术语概念从源语学术生态"映射"至译入语学术生态。而随着理据的变动,其跨语"映射"得到的概念"影像"也会不尽相同。术语翻译对等即是术语概念的跨语映射关系。

对于术语翻译对等之存在本质的追问，需要我们深入广泛而复杂的学术话语构建实践现象中去，以术语翻译为线索进行理性分析与归纳。所谓"物之所以然，与所以知之，与所以使人知之，不必同"①，在明晰了术语翻译对等"之所以然"，即其存在本质之后，随之而来的问题是"所以知之?"，即具体该如何认识这种发展中的对等关系。在翻译研究中，语言学派所提出的"篇章对等""功能对等""语用对等"等概念其实正是代表了不同类型的翻译对等观，其中"篇章""功能""语用"等指代不同的认识视角。这些多元翻译观的形成对于拓展翻译对等研究的广度、推进其探究的深度有积极意义。同样地，对于术语翻译对等研究而言，基于术语翻译对等的复杂性，进一步确立认识术语翻译对等的视角或维度十分必要。

总体来看，术语翻译对等的特点体现在话语系统性、时空延展性与跨语传播性这三个方面：其一，关于术语翻译对等这一存在的话语系统性。术语翻译对等不是个体概念之间的对应，而是存在于整体或局部意义上学术话语的跨语实践当中。它会在不同程度上同时受到源语与译入语学科领域学术话语系统中相关知识框架的双重制约。其二，关于术语翻译对等这一存在的时空延展性。在学术话语构建实践中，术语翻译对等并非呈现为一种静态事实关系，而是处于一个由主体认知的共时性差异与概念应用语境的历时性演变这两个参数纵横交织的动态时空场域之中。这一时空场域是在由译者和读者主导的源语与译入语话语系统的相互接触与张力作用中形成与发展而来的。术语译名竞争与术语概念衍异等常态

---

① 出自《墨辩·经下》。

现象便是其文化时空性的外显形式。其三,关于术语翻译对等这一存在的跨语传播性。如果说话语系统性与文化时空性分别体现了术语翻译对等客观既有的本体广度与主体阐释下的存在样态,跨语传播性则进一步指向其实践纵深维度。术语概念在跨语传播中往往会逐渐摆脱源话语系统与译者的绝对控制,而发展成为具有相对独立生命力的知识原子。术语翻译对等随之处于一个关系构建、解构与再构建的发展动态中,这一传播过程也见证着术语翻译的话语构建效应,即通过动态的映射关系为译入语的学术话语系统带来增补性甚至革新性的话语构建效应。

如前文所述,价值论有别于本体论与认识论,它关注的问题侧重于研究对象同其所处外部世界的关系。但价值论同时又是同本体论与认识论密不可分的。对于本体论与认识论相关问题的探讨会自然而然引起价值论层面的思考。具体到术语翻译对等研究,在探讨术语翻译对等之本体复杂性以及术语翻译对等观时,"术语翻译对等的价值如何"这一问题已经生发其中。对于术语翻译对等理论的系统构建而言,十分有必要就这一价值论问题专门进行探讨。

如果我们把术语翻译引起的学术话语构建实践比作一系列复杂的"化学反应",那么,术语翻译对等就好比是这一系列复杂化学反应的基本原理。我们可以根据这一原理来观察、描述这些"化学反应",即在术语翻译对等的实践场域中把握中国人文社科学术话语基础之历史构建的核心脉络,形成反思策略,在此基础之上,我们可以进而设计新的话语构建"实验",继续利用术语翻译对等这一原理,以达到改善"化学反应"的目的,这便是术语翻译对等作为一种学术话语批评路径的功能潜质。借助术语翻译对等的批评向度,有助于推动中国学术话语基础的重塑。具体而言,在宏观层面,术语翻译对等批评有助于厘清中国学术话语之"源"与"流",在中西学术文化共现视域中推进中国本土传统术语资源的谱系化构建工作与系统性外译工作；在中观层面，术语翻译对等批评有助于在主题聚类的中西学术话语之间构建比较与对话机制，促生具有本土契合性与当代继承性的融合型原创术语概念，并引导其进行规范而有效的对外传播实践；在微观层面，面向外来新术语与本土传统核心术语，术语翻译对等批评思维有益于形成对其学理局限性与潜在价值的深度认知，为实现差异化的术语概念与学术话语对外传播实践奠定基础。

　　总之，从本体论、认识论与价值论层面就"术语翻译对等"这一特殊研究对象的本质、认识与价值展开全方位的理论探讨，有助于形成新型术语翻译对等观。这一探讨对于推进术语翻译本体理论研究、翻译对等谱系化研究以及中国学术话语构建的方法论研究均具有一定的理论贡献。

余论

中国学术话语构建的历史与当下：
以翻译为视角

　　近现代以来的中国学术话语构建史同样也是中国学术文化在西学东渐这一宏阔历史语境下的演化史。与此同步进行的是中国学术文化现代性的演进历程。作为西方社会文化土壤的产物，中国语境下的现代性本身就历经了一个跨语传播与衍异的过程。"与西方的先发性现代性不同，中国的现代性是后发的、非原生的"（罗选民 2017:2），或具体而言，是一种"翻译中生成的现代性（translated modernity）"（刘禾 2014:序 5）。在中国学术文化之现代性的演进中，翻译之"功"与"过"具有举足轻重的作用，应予以学理上的关注。

　　翻译行为是文化交流的产物，同时，翻译活动作为一种"积极的文化建构"（方梦之、庄智象 2017:I），又会反作用于文化自身的发展。历史实践表明，翻译的文化价值是普遍存在的。在西方世界，

《圣经》翻译在欧洲文明发展史中的重要意义自无须赘述①。而对于中国而言，翻译的意义尤为深刻，可以说，是翻译"构建了近现代国人的精神和思想"（廖七一 2010：1）。这其中，延续至今的西学翻译占有举足轻重的地位。立足于中国翻译史，"按时间序列大致可分为民族翻译、佛典翻译和西学翻译三个历史阶段。十六世纪末十七世纪初，即明清之际开始的西学翻译，无论从规模、范围和影响的层面及深度上，都是前两个阶段所无法比拟的"（邹振环 1996：v）。至清末民初，随着西学翻译实践逐渐深入人文社科领域，翻译的文化价值愈发凸显出来。在这一时期，译介人文社科类西学著作的重要性已成为精英阶层的共识。例如，王国维称"若禁中国译西书，则生命已绝，将万世为奴矣"（转引自邹振环 1996：vi）；梁启超"以译书为强国第一义"；康有为强调翻译"政治书之佳者"；林纾视翻译为开民智、实业救国的正途。借助西学思想与话语的传播，"翻译对中国的语言革新、文学改造和社会变革起到了不可替代的作用"（罗选民 2017：2），并见证了中国近现代史上"转型时代"②的到来。正是在这一背景下，翻译对中国人文社科学术话语生态产生了系统而长远的影响，这直观地表现为现代学科体系在中国本土语境中的移植与生发。

众所周知，世界范围内，现代学术话语体系的发端与发展主要依托于学科建制的细化与完善，而我国现代学术以及教育体系中的

---

① 对此，季羡林（2015：1）曾总结道："上至罗马帝国，下至今天的欧洲共同市场，都要靠翻译来进行国际贸易。有人说，用古希伯来语写的《圣经》和用阿拉米语写的《福音》，如果没有先译为希腊文和拉丁文，后来又译为中世纪和近代诸语言的话，2000年来的犹太基督教文化就不会产生，因而欧洲文化也不会出现。自翻译《圣经》起，将近2000年来，欧洲的翻译活动一直没有停止过。《圣经》的翻译是一件大事，它帮助许多国家的语言奠定了基础。"

② 据张灏（1999），"所谓转型时代，是指一八九五年至一九二零年初，前后大约二十五年时间，这是中国思想文化由传统过渡到现代，承先启后的关键时代。无论是思想知识的传播媒介，或者思想的内容，均有突破性的巨变"。

学科概念大多从西方移植而来。名正则言顺,学科之名在中国本土的确立往往伴随着相应西方学科术语体系的译介与传播。可以说,"我国近现代新兴学科的发展路径,从引进到借鉴,由仿效而创立,在一定程度上有赖于翻译"(方梦之 2017:99)。在此期间,不少学科术语以汉译新语的形式进入中国学术话语的基础表达体系。可以毫不夸张地说,正是在系统性的术语翻译活动的推动下,中国学术话语的现代化转型构建得以启动,从而为中国学术文化现代性的形成奠定基础。时至今日,西学翻译仍是中国学术话语构建实践中不可或缺的一环。且以改革开放三十年为限,这"三十年来塑造中国心智的人文社科成就,主要不是对传统典籍的传承和研习,也非立足本国的当代研究,而是表现为西学译介,表现为对西方学术名著经久不息的翻译、学习、研究和传授"(凌斌 2009:44)。在此过程中,西方学术文化得以更为广泛的传播,对此,借助术语翻译实现的学术模因的跨语旅行功不可没。

中国近现代史上的"转型时代"是继译经时期之后,再次见证了由系统性翻译实践触发中国学术文化转型构建的翻译高潮期。只不过,这前后两次学术文化转型构建的方式与效果大相径庭,翻译于其中呈现出迥异的功用与价值。总体而言,"古代的文化转型(如有所谓转型的话),其转型前后的基本知识质态和知识系统的整体构架都并未发生根本性变化"(吴兴明 2001:191)。例如,由佛经翻译带来的异域话语有机地融入中国学术文化生态当中,最终带来对中国本土学术语汇的补充与丰富,这是一种"在传统中变"的转型方式。与此不同的是,中国学术文化的现代化转型,究其本质,"是把一种由西方学术确立的现代标准作为自己的标准,用这一标准来重建自己的现代学术"(张法 2008:132)。众所周知,现代西方学术"以理性为人性基础,以逻辑实证为论证手段,以精神的分析性概念为知识内涵……与中国传统知识有根本不同的知识质态"（吴兴明2001:194），以之为标准会不可避免地引发中国本土学术话语的质变。由前述背景概述可知，在西学的全面译介与传播过程中，西学膜拜情结曾发展成为一种主流学术文化心理倾向。对此，钱穆（1984:序2）描述道："盖自道咸丰以来，内忧外患，纷起迭乘，国人思变心切，旧学日遭怀疑，群盼西化，能资拯救。"这其实便是中国当代学术之"失语症"的历史渊源。这一文化心理使得中国学术话语之质变带上了一种极端的西化趋向，中国学术文化的现代转型整体上呈现出"在传统之外变"的特点，这当然不利于中国学术文化之主体性的健康发展。

译介而来的现代性之形成，实质上是西方学术价值观借助翻译得以全面输入并高居主流地位的过程。也正是在这一背景下，中国学术话语构建的自觉意识日益凸显。我们知道，中国学术文化之现代性是"西学东渐"的产物。根据黄见德（2014），得益于航海技术的新突破与地理新发现，"西学东渐"是在1500年前后伴随人类生产力的飞速发展产生的一个全球性浪潮。"西学东渐"并不是目的，而是世界范围内各国文化交流过程中的一个阶段。立足于世界史的宏阔视域，每一种文化，包括中国学术文化，都需要在"受"与"予"的交互中获取发展的动力。因此，真正意义上的学术文化之现代性应该呈现于一种多元话语格局之中。中国学术文化之现代性在当代演进中面临着重塑的客观需求，这亦是中国当代学术话语构建的根本动因。翻译作为中国学术文化之现代性形成的渠道，自然也是推进其深入演进的有效路径。

胡适先生曾言："我们今日的学术思想，有这两个大源头：一方面是汉学家传给我们的古书；一方面是西洋的新旧学说。"（转引自陈少明2015:16）的确，现当代以来中国学术话语的格局动态便是在此基础之上形成的。这种学术话语来源的双重性意味着，中国学术话语的构建始终是在中西学术文化的共现视域中开展的。中国学术文化现代性的当代演进与重塑,其面临的任务是如何构建一种"既有内在的历史联系与新的创造,又有内在和外在的沟通与借鉴"(瞿林东 2011)的多元话语生态,旨在推动实现中国学术在国际视野中能够同西方学术"分庭抗礼",形成中西话语"对等"的格局。一方面,西方学术思想的汉译需要继续作为补充中国学术生态活力的必要渠道;另一方面,本土学术话语,尤其是具有原创学理价值的术语概念的外译,需要作为中国同世界对话所依赖的根基与中介。实际上,根据中国翻译研究院的调研结果,现阶段,"我国已经从对内译介西方文化与文明为主转为对外译介中国文化和文明为主。翻译在推动中国政治、经济、文化、科技等走向世界的过程中发挥着越来越大的作用"(转引自方梦之、庄智象 2017:I)。同样地,中国学术也需要通过翻译"走进"西方。中西学术文化的动态关系也为进一步深入思考翻译问题提供了现实基础。

整体而言,中国本土翻译实践的历史特殊性在于,它贯穿了中国学术话语构建的整个历程,并推动着中国学术文化之现代性的演进。初期,翻译是用以解决"学问饥荒"的权宜之计,随后,翻译成为西方学术话语权的表达工具,中国学术文化之现代性也在此过程中得以成形。如今,翻译服务于学术创新与外塑,并致力于将历史尘封的中学西传的脉搏复苏,这同时伴随着中国学术文化之现代性的当代重塑。可以说,翻译既是中国学术文化现代性滥觞的起点,也是用以消解诱发型现代性所带来的后遗症的良方。这足以说明,中国学术话语构建无论作为自然生发的文化现象或是新时期的文化战略,翻译都具有宝贵的策略性价值。从这个意义上讲,翻译研究,特别是面向中国学术话语构建实践的术语翻译研究,无疑具有积极的方法论意义。

附录一

《中国翻译》文献关键词①（1979—2015）（频率≥10）

序号	关键词	词频
1	翻译	1397
2	译文	778
3	译者	594
4	原文	593
5	翻译工作者	334
6	翻译家	201
7	英语	184
8	翻译理论	181
9	原作	163
10	译作	156
11	文学翻译	149

---

① 此处所列文献关键词为《中国翻译》所收录文章于正文前自行提供的关键词，其中包含翻译研究中的常用表达、新词以及部分术语。

序号	关键词	词频
12	译法	149
13	英译	144
14	读者	138
15	汉译英	137
16	英译汉	129
17	翻译教学	114
18	翻译学	109
19	译本	105
20	句子	101
21	翻译工作	96
22	参考译文	95
23	译名	87
24	中文	87
25	英文	85
26	文学	84
27	汉译	80
28	翻译过程	73
29	译诗	73
30	出版	72
31	词汇	68
32	翻译实践	68
33	译文读者	67
34	直译	66
35	翻译标准	65
36	翻译专业	65
37	翻译研究	60
38	翻译策略	59
39	意思	59
40	诗人	58
41	翻译活动	57

序号	关键词	词频
42	译员	57
43	口译	56
44	实词	56
45	作家	56
46	翻译事业	54
47	翻译方法	53
48	中译英	53
49	文章	51
50	译学研究	51
51	科技翻译	50
52	同声传译	50
53	分句	47
54	科技英语	45
55	诗歌翻译	45
56	文学作品	45
57	英译本	43
58	笔译	42
59	翻译出版	42
60	来稿	42
61	词典	41
62	汉英翻译	41
63	外论	41
64	文字	41
65	译论	41
66	含义	40
67	检索工具	40
68	翻译学科	39
69	严复	39
70	中译本	39
71	概念	38

序号	关键词	词频
72	翻译理论家	37
73	句法结构	37
74	原语	37
75	定语从句	36
76	改译	36
77	对外传播翻译	35
78	思维形式	35
79	小说	35
80	中译外	35
81	出版社	34
82	翻译技巧	34
83	鲁迅	34
84	译文语言	34
85	译语	34
86	英汉翻译	34
87	原诗	34
88	语言科学	33
89	语言学	33
90	信、达、雅	33
91	词组	32
92	短语	32
93	翻译史	32
94	原著	32
95	英汉	31
96	诗歌	30
97	译出	30
98	翻译硕士专业学位	29
99	口译研究	29
100	译例	29
101	名词	28

序号	关键词	词频
102	奈达	28
103	句子结构	27
104	意译	27
105	主语	27
106	法律翻译	26
107	翻译行业	26
108	翻译批评	26
109	翻译者	26
110	课程设置	26
111	译入语	26
112	地名	25
113	可译性	25
114	口译教学	25
115	民族	25
116	外国文学	25
117	地理名称	24
118	翻译单位	24
119	林纾	24
120	权利主体	24
121	形容词	24
122	学科	24
123	俄文	23
124	俄语	23
125	翻译人才	23
126	复句	23
127	省译	23
128	译文质量	23
129	翻译服务	22
130	翻译观	22
131	语言学派	22

序号	关键词	词频
132	原句	22
133	翻译人员	21
134	翻译文学	21
135	傅雷	21
136	汉语习惯	21
137	全球化	21
138	散文	21
139	莎剧	21
140	社会科学	21
141	英译文	21
142	语言风格	21
143	状语	21
144	差异	20
145	动词修饰语	20
146	思想体系	20
147	异化	20
148	主句	20
149	注释	20
150	翻译课	19
151	机器翻译	19
152	西方译论	19
153	译学	19
154	音译	19
155	英语句子	19
156	朱生豪	19
157	翻译能力	18
158	师资培训	18
159	原文语言	18
160	原文作者	18
161	直译法	18

序号	关键词	词频
162	表达习惯	17
163	东西	17
164	解构主义	17
165	理论与实践	17
166	双关语	17
167	西方翻译理论	17
168	英汉词典	17
169	章回小说	17
170	质量	17
171	标题	16
172	从句	16
173	定语	16
174	方法论	16
175	归化	16
176	口笔译	16
177	世界文学	16
178	四字结构	16
179	文体	16
180	主体性	16
181	不可译	15
182	不可译性	15
183	东北亚语言	15
184	对应词	15
185	翻译产业	15
186	翻译评论	15
187	翻译问题	15
188	翻译艺术	15
189	翻译原则	15
190	翻译作品	15
191	佛经翻译	15

序号	关键词	词频
192	名词修辞语	15
193	日语	15
194	文化转向	15
195	修饰语	15
196	学术争鸣	15
197	语言服务	15
198	语言学家	15
199	长句	15
200	政治	15
201	笔译教学	14
202	编译	14
203	翻译思想	14
204	公示语	14
205	论翻译	14
206	名字	14
207	生态翻译学	14
208	时事	14
209	小说家	14
210	学科建设	14
211	语料库	14
212	原文内容	14
213	政经	14
214	宾语	13
215	成语	13
216	错译	13
217	典籍英译	13
218	逻辑	13
219	目的语读者	13
220	韦努蒂	13
221	修辞	13

序号	关键词	词频
222	杨宪益	13
223	译书	13
224	原意	13
225	中国翻译研究	13
226	策略	12
227	定义	12
228	对外	12
229	翻译教育	12
230	翻译社会学	12
231	副词	12
232	汇刻书	12
233	计算机辅助翻译	12
234	经济	12
235	民间文学	12
236	术语翻译	12
237	外事翻译	12
238	文化翻译	12
239	许渊冲	12
240	意识形态	12
241	意译法	12
242	英语词典	12
243	语篇	12
244	语言服务行业	12
245	源语	12
246	韵式	12
247	长篇小说	12
248	本句	11
249	表达法	11
250	短句	11
251	对外传播	11

序号	关键词	词频
252	翻译等值	11
253	翻译风格	11
254	翻译伦理	11
255	复合句	11
256	复译	11
257	歌德	11
258	功能	11
259	汉译英练习	11
260	后置定语	11
261	计算机	11
262	科技术语	11
263	联想意义	11
264	名著	11
265	目的语	11
266	熟语	11
267	谈翻译	11
268	外国文学作品	11
269	文化学派	11
270	文学出版社	11
271	误译	11
272	形合	11
273	译品	11
274	译史	11
275	英诗汉译	11
276	语法	11
277	原作者	11
278	中国	11
279	中国传统译论	11
280	中国翻译理论	11
281	中国翻译史	11

序号	关键词	词频
282	标点符号	10
283	表达方式	10
284	传统译论	10
285	地位	10
286	典籍翻译	10
287	动名词	10
288	对等词	10
289	多元系统论	10
290	翻译课程	10
291	翻译理论界	10
292	翻译腔	10
293	翻译硕士	10
294	翻译质量	10
295	规范	10
296	句子成分	10
297	科技词汇	10
298	口译训练	10
299	纽马克	10
300	企业	10
301	莎士比亚	10
302	谭载喜	10
303	同传	10
304	外来语	10
305	外语教学	10
306	文法	10
307	文化差异	10
308	小说翻译	10
309	新闻	10
310	修辞手段	10
311	许钧	10

序号	关键词	词频
312	杨译	10
313	叶水夫	10
314	艺术	10
315	译介	10
316	译语读者	10
317	意合	10
318	意境	10
319	用语	10
320	原文信息	10
321	哲学	10
322	忠实	10
323	注解	10

附录二

中国传统译论"文质论"话语及相关术语①

话语类型	话语素材	出处
理论类	维祇难曰:"佛言依其**义**不用**饰**,取其法不以**严**。其传经者,当令**易晓**,勿失厥**义**,是则为**善**。"座中咸曰:"老氏称'**美**言不**信**,信言不美。'仲尼亦云'书不尽言,**言**不尽**意**。'明圣人意,深邃无极。今传胡义,**实宜径达**。"	《法句经序》
理论类	是以自偈,受译人口,因循**本旨**,不加**文饰**。译所不解,则**阙**不传,故有脱失,多不出者。	《法句经序》
理论类	若**率初**以要其终,或**忘文**以**全其质**者,则大智玄通居可知也。	《道行般若经序》

---

① 作为"文"与"质"邻域概念的术语在此加粗显示。

话语类型	话语素材	出处
理论类	此土《尚书》及与《河洛》，其文**朴质**，无敢措手，明祇先王之法言而顺神命也。何至佛戒，圣贤所贵，而可改之，以从方言乎？恐失四依不严之教也。与其**巧便**，宁守**雅正**。译胡为秦，东教之士犹或非之，愿**不刊削**以从饰也。	《比丘大戒序》
理论类	二者胡经尚**质**，秦人好**文**，传可**众心**，非文不**合**，斯二**失本**也。	《摩诃钵罗若波罗蜜经抄序》
理论类	**文质是时**，幸勿易之，经之**巧质**，有自来矣。唯**传事不尽**，乃译人之咎耳。众咸称善。	《鞞婆沙序》
理论类	斯真实言也。遂**案本**而传，不令有**损言游字**，时**改**倒句，余尽**实录**也。	《鞞婆沙序》
理论类	常疑西域言**繁质**，谓此土好**华**，每存莹**饰**，文句**减其繁长**。安公赵郎之所深疾，穷校考定，务存**典骨**。	《僧伽罗刹集经后记》
理论类	或**文**过其**意**，或**理**胜其**辞**，以此考彼，殆兼先典。后来贤哲；若能参通晋胡，善译方言，幸复详其**大归**，以裁**厥中**焉。	《三法度经序》
理论类	胡**文雅质**，**按本**译之，于**丽巧**不足，**朴正**有余矣。幸冀文悟之贤，略其**华**而几其**实**也。	《小品经序》
理论类	于是静寻所由，以求其本，则知圣人依方设训，**文质殊体**。若以文应质，则**疑者**众；以质应文，则**悦者**寡。是以化行天竺，**辞朴**而**义**微，**言**近而**旨**远。	《大智论钞序》

222

话语类型	话语素材	出处
理论类	远于是**简繁**理秽，以详其**中**，令**质文****有体**，**义**无所**越**。	《大智论钞序》
理论类	是以**义**之得失由乎**译人**，**辞**之**质文**系于**执笔**。或善胡**义**而不了汉**旨**，或明汉**文**而不晓胡**意**，虽有偏解，终隔**圆****通**。若胡汉两**明**，**意****义**四**畅**，然后宣述经**奥**，于是乎**正**。	《胡汉译经文字音义同异记》
理论类	然**文**过则伤**艳**，**质**甚则患**野**。**野****艳**为弊，同失经**体**。故知**明允**之匠，难可世遇矣。	《胡汉译经文字音义同异记》
理论类	佑窃寻经言，异论咒术，**言语文字**，皆是佛说。然则**言**本是**一**，而胡汉分**音**；**义**本不二，则**质文殊体**。	《胡汉译经文字音义同异记》
理论类	然翻译之事殊难，不可存于**华绮**。若**一字**参差，则**理趣**胡**越**，乃可令**质**而得**义**，不可使**文**而**失旨**。故今所翻，**文质参半**。	《摄大乘论序》
理论类	窃以得**本**关**质**，**斫巧**由**文**；旧以为凿，今固非审。	《辩正论》
理论类	留支洛邑，**义**少加新。真谛陈时，语多**饰异**。若令梵师独断，则微言罕**革**。笔人参制，则余**辞**必混。意者宁贵**朴**而近**理**。不用**巧**而背**源**。傥见**淳质**，请勿嫌怪。	《辩正论》
理论类	传经深**旨**，务从**易晓**，苟不**违本**，斯则为**善**。**文**过则**艳**，**质**甚则**野**。**谠**而不**文**，**辩**而不**质**，则可无大过矣，始可与言**译**也。	《大唐西域记序赞》

223

话语类型	话语素材	出处
理论类	李老曰：美言者则不信，信者则不美。韩子曰：理正者直其言，言饰者昧其理。是知垂训范物，义本玄同；庶祛蒙滞，将存利喜。违本从文，所害滋甚；率由旧章，法王之至诚也。	《大唐西域记序赞》
理论类	经本贵理，不必须饰文而乖义也。	《大唐大慈恩寺三藏法师传》
理论类	辞旨如本，不加文饰，饰近俗，质近道，文质兼唯圣有之耳。	《首楞严经后记》
评论类	其先后所出经凡三十五部，义理明析，文字允正，辩而不华，质而不野，凡在读者，皆亹亹而不倦焉。	《安世高传》
评论类	其所传言，或得胡语，或以义出音，近于质直。仆初嫌其辞不雅。	《法句经序》
评论类	因本顺旨，转音如已，敬顺圣言，了不加饰也。	《道行经序》
评论类	《光赞》，护公执胡本，聂承远笔受，言准天竺，事不加饰。悉则悉矣，而辞质胜文也。	《合放光光赞略解序》
评论类	又罗、支越，斫凿之巧者也。巧则巧矣，惧窍成而混沌终矣。若夫以《诗》为烦重，以《尚书》为质朴，而删令合今，则马、郑所深恨者也。	《摩诃钵罗若波罗蜜经抄序》
评论类	而恭明前译，颇丽其辞，仍迷其旨。是使宏标乖于谬文，至味淡于华艳。虽复研寻弥稔，而幽旨莫启。	《思益经序》
评论类	陶练覆疏，务存论旨，使质而不野，简而必诣，宗致划尔，无间然矣。	《百论序》

话语类型	话语素材	出处
评论类	而恨支竺所出，**理**滞于**文**，常惧玄宗坠入**译人**。	《注维摩诘经序》
评论类	其**文约而诣**，其**旨婉而彰**，微远之言，于兹显然。	《注维摩诘经序》
评论类	《正法华经·受决品》云："天见人，人见天。"什译经至此，乃言曰："此语与西域**义**同，但在**言过质**。	《僧睿传节要》
评论类	昔安息世高，聪哲不群，所**出**众经，**质文允正**。	《胡汉译经文字音义同异记》
评论类	魏虽在昔，终欲悬讨。或**繁**或**简**，理容未适；时**野**时**华**，例颇不定。晋宋尚于谈说，争坏其**淳**。秦梁重于**文才**，尤从其**质**。	《辩正论》
评论类	汉魏守**本**，本固去**华**。晋宋传扬，时开义举。**文质恢恢**，讽味余逸。	《续高僧传·译经篇四》
评论类	越才学深微，内外备通，以季世尚文，时好**简略**，故其出经，颇从**文丽**。然其属**辞**析**理**，**文而不越**，**约而义显**，真可谓深入者也。	《合首楞严经记》
评论类	恐是越嫌谶所译者**辞质**多**胡**音。所异者，删而定之；其所同者述而不改。	《合首楞严经记》
评论类	既会贤本心，又谨**传译**，字句虽**质**，而**理**妙渊博，殆非常情所可厝虑。	《胜鬘经序》
评论类	理味沙门智嵩、道朗等三百余人，**考文详义**，务存**本旨**，除烦即实，**质而不野**。	《毗婆沙经序》

话语类型	话语素材	出处
评论类	异出经者,谓胡本同而汉文异也。梵书复隐,宣译多变,出经之士,才趣各殊。**辞有质文**,**意或详略**,故令本一末二,新旧参差。	《新集条解异出经录》
评论类	然方言殊**音**,**文质从异**,译胡为晋,出非一人。或善胡而质晋,或善晋而未备胡,众经浩然,难以折中。	《新集安公注经及杂经志录》
评论类	畏所出者,撮其要耳,曰《大毗卢遮那成佛神变加持经》七卷,沙门宝月译语,一行**笔受**,**删缀辞理**,**文质相半**,妙谐深趣,上符佛意,下契根缘,利益要门,斯文为最。	《宋高僧传·唐洛京圣善寺善无畏传》
评论类	然世高**出经**,**贵本不饰**,天竺古文,**文通尚质**,仓卒寻之,时有不达。	《大十二门经序》
评论类	又析护所集者七章译为汉文,**音近雅质**,**敦兮若朴**,或变质从文,或因质不饰。皇矣世高,审得厥**旨**。	《道地经序》
评论类	其博学渊妙,才思测微,凡所出经,类多深玄,**贵尚实中**,**不存文饰**。	《首楞严三昧经注序》
评论类	护公所**出**,若审得此公手目,纲领必**正**,凡所译经,虽不**辩妙婉显**,而**宏达欣畅**,特善无生,**依慧不文**,**朴则近本**。	《高僧传》
评论类	其所翻译,**文质相兼**,无违原**本**。	《大唐大慈恩寺三藏法师传》

附录三

中国当代译论生态译学话语中的主要术语[①]

序号	汉语术语
1	典型要件
2	读者反馈
3	多维整合
4	多维转换程度
5	多元共生
6	翻译链
7	翻译群落
8	翻译生态
9	翻译生态环境
10	翻译生态体系

[①] 摘自胡庚申(2013)附录"生态翻译学主要术语中英对照表"。考虑到术语的简明性属性,本研究章节 5.2 部分的分析暂未将原表所列的"翻译即生态平衡""翻译即适应与选择""翻译即文本移植""适应与选择的交替循环"这四个表达统计在内。

序号	汉语术语
11	翻译生态系统
12	翻译实质
13	翻译适应选择论
14	仿生
15	个体
16	关联序链
17	交际维
18	可移植性
19	论、学一体
20	逆向选择
21	求存择优
22	群落
23	群体
24	三维转换
25	生态
26	生态翻译伦理
27	生态范式
28	生态理性
29	生态链
30	生态美学
31	生态平衡
32	生态取向
33	生态群落
34	生态系统
35	生态移植
36	生态整体主义
37	生态智慧
38	事后追惩
39	适应
40	适应性选择

序号	汉语术语
41	适应性选择转换
42	适者生存
43	汰弱留强
44	掏空
45	文本生态
46	依归
47	译有所为
48	隐语类比
49	整合适应选择度
50	自然选择

参考文献

ALLABY M. 2001. Oxford Dictionary of Ecology [M]. Shanghai: Shanghai Foreign Language Education Press.

ANDRÉ J S. and PENG H Y. 2012. China and Its Others: Knowledge Transfer through Translation (1829—2010)[M]. Amsterdam: Rodopi.

BAKER M. 1992. In Other Words: A Coursebook on Translation [M]. London: Routledge.

BAKER M and SALDANHA G. 2009. Routledge Encyclopedia of Translation Studies [M]. London: Routledge.

BIEL L. 2008. Legal Terminology in Translation Practice: Dictionaries, Googling or Discussion Forums? [J]. SKASE Journal of Translation and Interpretation, (1): 22−38.

BUCHER L. 1858. On Political Terms [J]. Transactions of the Philological Society, (1): 42−62.

CATFORD J C. 1965. A Linguistic Theory of Translation: An Essay in Applied Linguistics [M]. Oxford: Oxford University Press.

CHANG N F. 1996. Towards a Better General Theory of Equivalent Effect [J]. Babel, (1): 1−17.

CHESTERMAN A. 1996. On Similarity [J]. Target, (1): 159-164.

CHESTERMAN A. 2007. Where Is Similarity? [M] // ARDUINIS and HODGSONR. (eds.). Similarity and Difference in Translation: Proceedings of the International Conference on Similarity and Translation. American Bible Society, 63-76.

CHESTERMAN A. 2011. The Memetics of Knowledge [M] // DAM H V, ENGBERG J and GERZYMISCH-ARBOGAST H. (eds.). Knowledge Systems and Translation. Vol. 7. Mouton: de Gruyter,: 17-30.

CHESTERMAN A. 2016. Memes of Translation: The Spread of Ideas in Translation Theory [M]. Amsterdam / Philadelphia: John Benjamins Publishing Company.

CHEUNG M. 2006. An Anthology of Chinese Discourse on Translation: From Earliest Times to the Buddhist Project [M]. Manchester: St. Jerome Publishing.

CHEUNG M. 2009. Introduction — Chinese Discourses on Translation: Positions and Perspectives [J]. The Translator, (2): 223-238.

CHEUNG M. 2011. The (Un)importance of Flagging Chineseness: Making Sense of a Recurrent Theme in Contemporary Chinese Discourses on Translation [J]. Translation Studies, (1): 41-57.

CHEUNG M. 2014. An Anthology of Chinese Discourse on Translation: From Earliest Times to the Buddhist Project [M]. New York: Routledge.

CRAIG E. 2002. Philosophy: A Very Short Introduction [M]. New York: Oxford University Press.

DELISLE J, LEE-JAHNKE H, and CORMIER M C. 1999. Translation Terminology [M]. Amsterdam / Philadelphia: John Benjamins Publishing Company.

DOUGLAS R. 2012. Eco-Translatology and the Mencian Four Shoots (si duan)[J]. Journal of Eco-Translatology, (2): 78-107.

HARVELSON S. 2006. Translation Equivalence [C] // BROWN K. (ed.). Encyclopedia of Language and Linguistics (2nd ed.). London: Elsevier Ltd. , 100-104.

HATIM B and MASON I. 1990. Discourse and the Translator [M]. New York: Longman.

HERMANS T. 2014. Crosscultural Transgressions: Research Models in Translation (Historical and Ideological Issues) [M]. New York: Routledge.

HOUSE J. 1997. Translation Quality Assessment: A Model Revisited [M]. Tübingen : Gunter Narr Verlag.

HOUSE J. 2015. Translation as Communication across Languages and Cultures [M]. New York: Routledge.

HOUSE J. 2017. Translation: The Basics [M]. New York: Routledge.

HUANG X Y, WEI X Q. 2020. Terminologie-Critique in Academic Discourse Construction: As Exemplified by Ethical Literary Criticism [J]. Interdisciplinary Studies of Literature, 4 (1): 65-82.

HUNG E T H and WAKABAYASHI J. 2014. Asian Translation Traditions [M]. New York: Routledge.

IVEKOVIĆ M A, LAH J, and SUJOLDŽIĆ A. 2015. Terminological Standardization in the Social Sciences and Humanities: The Case of Croatian Anthropological Terminology [J]. Jezikoslovlje, (2-3): 253 -274.

JACKOBSON R. 1959. On Linguistic Aspects of Translation [C] // On Translation. Harvard, Mass.: Harvard University Press, 232-239.

JANULEVICIENE V and RACKEVICIENE S. 2016. Public Sector Fraud: Comparative Analysis of Terminology and Concepts [J].

Public Policy and Administration, (4): 673-686.

KHUWAILEH A. 2010. IT Terminology and Translation: Cultural, Lexicographic and Linguistic Problems [J]. LSP Journal, (2): 15-22.

KOLLER W. 1995. The Concept of Equivalence and the Object of Translation Studies [J]. Target, (2): 191-122.

KOSELLECK R. 1996. Response to Comments [C] // LEHMANN H & RICHTER M. (eds). The Meaning of Historical Terms and Concepts: New Studies on Begriffsgeschichte. Washington: German Historical Institute.

KUHN T S. 1996. The Structure of Scientific Revolutions [M]. 3rd ed. Chicago: The University of Chicago Press.

LAMBERT J. 1981. A General Approach to Specific Research in Comparative Terminology [J]. Babel: International Journal of Translation, (2): 77-85.

LEVENSON V J R. 1964. Confucian China and Its Modern Fate [M]. London: Routledge.

MACK N, RAMIREZ C, FRIEDLAND B, et al. 2013. Lost in Translation: Assessing Effectiveness of Focus Group Questioning Techniques to Develop Improved Translation of Terminology Used in HIV Prevention Clinical Trials [J]. PloS One, (9): 1-9.

MAIA B. 2005. Terminology and Translation — Bringing Research and Professional Training Together through Technology [J]. Meta, (4).

MARCO J. 2007. The Terminology of Translation: Epistemological, Conceptual and Intercultural Problems and Their Social Consequences [J]. Target, (2): 255-269.

MATULEWSKA A. 2014. In Quest of Sufficient Equivalence — Polish and English Insolvency Terminology in Translation: A Comparative Study [J]. Studies in Logic, Grammar and Rhetoric, (51): 167-188.

MICHALAK K G. 2017. Polish, Greek and Cypriot Civil Procedure Terminology in Translation: A Parametric Approach [J]. Studies in Logic, Grammar and Rhetoric, (62): 73-88.

MIHALJEVIĆ M and NAHOD B. 2009. Croatian Terminology in a Time of Globalization [M]. Institut za slovenski jezik Frana Ramovša ZRC SAZU, 17-26.

MORTON S. 1978. Designing a Multilingual Terminology Bank for United States Translators [J]. Journal of the American Society for Information Science, (6): 297-303.

MUNDAY J. 2009. Introducing Translation Studies: Theories and Applications [M]. New York: Routledge.

NAHOD B. 2015. Domain-specific Cognitive Models in a Multi-Domain Term Base [J]. Suvremena Lingvistika, (80): 105-128.

NIDA E A. 1964. Towards a Science of Translation: With Special Reference to Principles and Procedures Involved in Bible Translating [M]. Leiden: Brill.

NIDA E A. 1977. The Nature of Dynamic Equivalence in Translating [J]. Babel, (3): 99-103.

NIDA E A. 1993. Language, Culture and Translating [M]. Shanghai: Shanghai Foreign Language Education Press.

NORBERG C and JOHANSSON J. 2013. Accounting Terminology and Translation — A Linguistic Challenge [J]. LSP Journal, (1): 30-48.

OWEN S. 1992. Readings in Chinese Literary Thought. Harvard University Press.

PYM A. 1992. Translation and Text Transfer [M]. Frankfurt / Main: Lang.

PYM A. 1995. European Translation Studies, une Science qui Dérange, and Why Equivalence Needn't Be a Dirty Word [J]. TTR, (1): 153-

176.

PYM A. 2007. Natural and Directional Equivalence in Theories of Translation [J]. Target, (2): 271-294.

ROSENI E. 2011. Terminology in Translation [J]. European Scientific Journal, (21): 45-54.

SAGER J. 1994. Terminology: Custodian of Knowledge and Means of Knowledge Transfer [J]. Terminology: International Journal of Theoretical and Applied Issues in Specialized Communication, (1): 7-15.

SCHMIDT C. 2014. Managing the Complexity of an Evolving Profession with Translation Theory: For a Bolder Approach to Training and Professional Development [C] // GENTILEA. (ed.) AUSIT 2012: Proceedings of the "Jubilation 25" Biennial Conference of the Australian Institute of Interpreters and Translators. Perth: Annamaria Arnall: 151-159.

SEN S K. 1981. A Note on the Idea Gene and Its Relevance to Information Science [J]. Annals of Library Science and Documentation, 28 (1-4): 97-102.

SHUTTLEWORTH M and COWIE M. 1997/2014. Dictionary of Translation Studies [M]. London: Routledge.

SNELL-HORNBY M. 1988. Translation Studies: An Integrated Approach [M]. Amsterdam: John Benjamins Publishing Company.

SNELL-HORNBY M. 2007. What's in a Name? On Metalinguistic Confusion in Translation Studies [J]. Target, (2): 313-325.

STEINER G. 2001. After Babel: Aspects of Language and Translation [M]. Shanghai: Shanghai Foreign Language Education Press.

STOLZE R. 2011. The Translator's Approach: Introduction to Translational Hermeneutics: Theory and Examples from Practice [M].

Berlin: Frank & Timme GmbH.

TACK L. 2000. Translation and the Dialectics of Difference and Equivalence: Some Theoretical Propositions for a Redefinition of the Source-Target Text Relation [J]. Meta, (2): 210–227.

TEMMERMAN R, and CAMPENHOUDT M. 2014. Dynamics and Terminology: An Interdisciplinary Perspective on Monolingual and Multilingual Culture-Bound Communication [M]. Amsterdam: John Benjamins Publishing Company.

TOURY G. 1995. Descriptive Translation Studies and Beyond [M]. Amsterdam: John Benjamins Publishing Company.

TYMOCZKO M. 2016. Translation in a Postcolonial Context: Early Irish Literature in English Translation [M]. London: Routledge.

TYMOCZKO M. 2007. Difference in Similarity [C]// ARDUINIS and HODGSONR. (eds.). Similarity and Difference in Translation: Proceedings of the International Conference on Similarity and Translation. American Bible Society, 27–43.

VINAY JP and DARBELNET J. 1995. Comparative Stylistics of French and English: A Methodology for Translation [M]. Trans. and eds. SAGER J C and HAMEL MJ. Amsterdam: John Benjamins Publishing Company.

VOSNIADOU S and ORTONY A. 1989. Similarity and Analogical Reasoning [M]. Cambridge: Cambridge University Press.

WANG K F and FAN S Y. 1999. Translation in China: A Motivating Force [J]. Meta, (1): 7–26.

WEI X Q. 2018. Conceptualization and Theorization of Terminology Translation in Humanities and Social Sciences: Some Reflections on Nutermbank Development. Terminology [J]. International Journal of Theoretical and Applied Issues in Specialized Communication, 24(2):

262-288.

WILSS W. 2001. The Science of Translation: Problems and Methods [M]. Shanghai: Shanghai Foreign Language Education Press.

阿尔都塞,巴里巴尔. 2008. 读《资本论》[M]. 李其庆,冯文光,译. 中央编译出版社,2008.

阿斯曼. 2016. 回忆空间[M]. 潘璐,译. 北京大学出版社

巴尔胡达罗夫. 1985. 语言与翻译[M]. 蔡毅,等编译. 北京:中国对外翻译出版公司.

巴赫金. 1998. 小说理论[M]. 白春仁,晓河,译. 石家庄:河北教育出版社.

巴特. 2008. 符号学原理[M]. 李幼蒸,译. 北京:中国人民大学出版社.

白耶. 2003. 中国现代学术:品位提升与境界开拓[J]. 学术月刊, (11):5-7.

波普尔. 1987. 客观知识:一个进化论的研究[M]. 舒炜光,等译. 上海:上海译文出版社.

伯克. 2016. 知识社会史(下卷):从百科全书到维基百科[M]. 汪一帆,赵博囡,译. 杭州:浙江大学出版社.

薄振杰,孙迎春. 2008. 中国现代译论建设:反思与前瞻[J].甘肃社会科学,(4):49-53.

卜爱萍,宫金燕. 2010. 中外译学术语的差异比较[J]. 上海翻译,(1):54-56.

蔡力坚. 2017. 房地产术语翻译的概念对等[J]. 中国翻译,(1):122-123.

蔡尚思. 1983. 中国现代思想史资料简编(第4卷)[M]. 杭州:浙江人民出版社.

蔡新乐. 2005. 让诗意进入翻译理论研究:从海德格尔的非对象性的思看钱钟书的不隔说[J]. 中南大学学报(社会科学版),(5):563-

571.

蔡新乐. 2013a. 中华思想视角下的翻译理论初探:兼论西方"原型"翻译思想[J]. 中国翻译,(1):5-11+126.

蔡新乐. 2013b. "恕道"理应成为翻译之道:以"幽微灵秀地"的英译为个案[J]. 外语研究,(5):70-75+112.

蔡新乐. 2015. 以儒家思想方法论的"恕"看"恕"的英译[J]. 西安外国语大学学报,(1):109-112.

蔡元培. 2010. 中国伦理学史[M]. 北京:中国画报出版社.

曹峰. 2017. 中国古代名的政治思想研究[M]. 上海:上海古籍出版社.

曹顺庆. 1996. 文论失语症与文化病态[J]. 文艺争鸣,(2):50-58.

曹顺庆. 1999. 从失语症,话语重建到异质性[J]. 文艺研究,(4):33-35.

曹顺庆,李思屈. 1996. 重建中国文论话语的基本路径及其方法[J]. 文艺研究,(2):12-21.

陈壁生. 2014. 经学与中国哲学:对中国哲学学科建构的反思[J]. 哲学研究,(2):43-49+128.

陈炳迢. 1991. 辞书编纂学概论[M]. 上海:复旦大学出版社.

陈福康. 1992. 中国译学理论史稿[M]. 上海:上海外语教育出版社.

陈鼓应. 2012. 论周敦颐太极图说的道家学脉关系:兼论濂溪的道家生活情趣[J]. 哲学研究,(2):28-37+128.

陈果. 2015. 全局视角下的科研领域特色知识点提取[C] // 图书情报工作杂志社编. 知识网络研究的进展与创新. 北京:海洋出版社:47-57.

陈浩东,陈帆. 2016. 拓扑翻译学[M]. 北京:人民出版社.

陈嘉映. 2015. 何为良好生活:行之于途而应于心[M]. 上海:上海文艺出版社.

陈来. 2010. 中国哲学话语的近代转变[J]. 文史哲,(1):5-7.

陈来. 2015. 中华文明的核心价值:国学流变与传统价值观[M]. 北

京:生活·读书·新知三联书店.

陈良运.2001.文质彬彬[M].南昌:百花洲文艺出版社.

陈平原.2016.作为学科的文学史[M].北京:北京大学出版社.

陈少明.2015.做中国哲学:一些方法论的思考[M].北京:生活·读书·新知三联书店.

陈跃红.1999.学术的国家意识与国际意识:乐黛云先生的学术视野[J].中国比较文学,(2):97-109.

陈赟,赵璕.2010.当代学术状况与中国思想的未来[M].上海:华东师范大学出版社.

陈智淦,王育烽.2013.中国术语翻译研究的现状与文学术语翻译研究的缺失[J].当代外语研究,(3):59-67+78.

程乐松.2016.从语义困境到理论潜力:中国本土宗教学理论建构的术语问题[J].北京大学学报(哲学社会科学版),(1):47-56.

程小娟.2013.God 的汉译史争论:接受与启示[M].北京:社会科学文献出版社.

辞海编辑委员会.1999.辞海[M].上海:上海辞书出版社.

戴正,王杨.2013.中国传统译论述评[M].兰州:甘肃人民出版社.

党圣元.1997.中国古代文论的范畴和体系[J].文学评论,(1):15-25.

邓大才.2011.概念建构与概念化:知识再生产的基础:以中国农村研究为考察对象[J].社会科学研究,(4):90-95.

邓志辉,汪东萍.2016.中古佛经翻译文质之争的哲学源起[J].亚太跨学科翻译研究,(2):37-49.

狄尔泰.2002.精神科学引论(第一卷)[M].童奇,王海鸥,译.北京:中国城市出版社.

丁旭辉.2006.翻译的不变性和可变性研究:一种拓扑学视角[J].西南民族大学学报(人文社科版),(4):237-240+248.

丁旭辉.2010.从拓扑学视角审视翻译中的对等[J].甘肃社会科学,(6):109-111.

杜里奇,陈望衡.2016.比较美学二辑[M].武汉:武汉大学出版社.

杜维运.2010.中国史学与世界史学[M].北京:商务印书馆.

范守义.2002.定名的历史沿革与名词术语翻译[J].上海科技翻译,(2):1-9.

范祥涛.2007.从等值,等效到对应:变化中的现代翻译研究观念与方法论[J].解放军外国语学院学报,(2):58-62.

方华文.2005.20世纪中国翻译史[M].西安:西北大学出版社.

方梦之.2003.译学辞典[Z].上海:上海外语教育出版社.

方梦之.2007.我国早期的翻译学:简评蒋翼振的《翻译学通论》(1927年版)[J].上海翻译,(2):1-3.

方梦之.2011a.中国译学大辞典[Z].上海:上海外语教育出版社.

方梦之.2011b.译学术语的演变与创新:兼论翻译研究的走向[J].中国外语,(3):99-104.

方梦之.2016.当今世界翻译研究的格局:兼论21世纪中国翻译研究的崛起[J].外语教学理论与实践,(3):55-63.

方梦之.2017.翻译大国需有自创的译学话语体系[J].中国外语,(5):93-100.

方梦之.2020.翻译学辞典[Z].上海:上海外语教育出版社.

方梦之,庄智象.2017.中国翻译家研究[M].上海:上海外语教育出版社.

方维规.2011.鞍型期与概念史:兼论东亚转型期概念研究[J].东亚观念史集刊,(1):85-115.

方馨.1969.翻译名词的统一[C]//香港中文大学校外进修部编.翻译纵横谈.香港:香港辰沖图书公司:113-125.

方仪力.2012.直译与意译:翻译方法,策略与元理论向度探讨[J].上海翻译,(3):16-20.

费道罗夫.1955.翻译理论概要[M].李流等,译.北京:中华书局.

费孝通.2002.译者的话[M]//费孝通译文集(上).北京:群言出版

社：1-3.

冯契.2014.中国近代哲学史[M].北京：生活·读书·新知三联书店.

冯天瑜.2006.封建考论[M].武汉：武汉大学出版社.

冯天瑜.2016.近代汉字术语的生成演变与中西日文化互动研究[M].北京：经济科学出版社.

冯天瑜等.2007.语义的文化变迁[M].武汉：武汉大学出版社.

冯友兰.1988.中国哲学史新编（第六册）[M].北京：人民出版社.

冯友兰.2000.中国哲学史（上）[M].上海：华东师范大学出版社.

冯志伟.2011.现代术语学引论[M].北京：商务印书馆.

福柯.2007.知识考古学[M].谢强，马月，译.北京：生活·读书·新知三联书店.

高方.2017.世界文学与翻译的构建力量：卡萨诺瓦文学世界共和国评析[J].中国翻译,(4)：53-58.

高恒.1993.论中国古代法学与名学的关系[J].中国法学,(1)：102-110.

高华丽.2013.中西翻译话语研究[M].杭州：浙江大学出版社.

高健.1994.论翻译中一些因素的相对性[J].外国语,(2)：1-7+80.

高圣兵.2008.Logic 汉译研究：跨文化翻译中的格义,视域融合与接受[M].上海：上海译文出版社.

格雷马斯.2009.符号学与社会科学[M].徐伟民,译.天津：百花文艺出版社.

辜正坤.1989.翻译标准多元互补论[J].中国翻译,(1)：16-20.

辜正坤.1998.外来术语翻译与中国学术问题[J].北京大学学报（哲学社会科学版）,(4)：45-52.

辜正坤.2002a.Metatranslatology[J].中国翻译,(4)：5-9.

辜正坤.2002b.Metatranslatology (continued)[J].中国翻译,(5)：10-16.

辜正坤.2006.玄翻译学引论[M] // 周发祥等.国际翻译学新探.天

津:百花文艺出版社:28-51.

古俊伟.2011.外来术语的引进与学术本土化:以 soft power 的汉语翻译之争为例[J].太原大学学报,(3):64-68.

顾海良.2016.马克思经济学"术语的革命"与中国特色"经济学说的系统化"[J].中国社会科学,(11):20-28.

顾海良.2017.资本论中的"崭新的因素"与马克思经济学"术语的革命"[J].马克思主义与现实,(2):1-8.

顾文涛,李东红,王以华.2008.中国传统管理思想的逻辑层次[J].经济管理,(7):6-9.

郭丹,蒋童.2011.中国传统译论中译名问题的阶段性:从僧睿到朱自清[J].广东外语外贸大学学报,(6):14-17+33.

郭建中.2014.创造性翻译与创造性对等[J].中国翻译,(4):10-15+128.

韩巍.2005.学术探讨中的措辞及表达:谈创建中国特色管理学的基本问题之管见[J].管理学报,(4):386-391.

何勤华.1998.中国古代法学的死亡与再生:关于中国法学近代化的一点思考[J].法学研究,(2):133-142.

贺昌盛.2014.再造文明[M].杭州:浙江教育出版社.

贺麟.2015.抗战建国与学术建国 [M]// 贺麟.文化与人生.北京:商务印书馆:19-24.

侯建新.2005.封建主义概念辨析[J].中国社会科学,(6):173-188.

侯外庐.1987.侯外庐史学论文选集(上)[M].北京:人民出版社.

侯向群,吕俊.2008.让翻译研究回归生活世界:一个翻译研究的现象学批评[J].中国翻译,(3):5-10+95.

胡翠娥,刘英.2011.试论 feudalism 与封建对译的政治[J].解放军外国语学院学报,(4):76-80+85+128.

胡庚申.2013.生态翻译学:建构与诠释[M].北京:商务印书馆.

胡鸿保,姜振华.2002.从社区的语词历程看一个社会学概念内涵的演化[J].学术论坛,(5):123-126.

胡塞尔.1997.欧洲科学危机和超验现象学[M].张庆熊,译.上海:上海译文出版社.

胡适.2011.中国哲学史大纲[M].北京:商务印书馆.

胡叶,魏向清.2014.语言学术语翻译标准新探:兼谈术语翻译的系统经济律[J].中国翻译,(4):16-20+128.

胡壮麟.2011.发展中国特色的语言理论研究:纪念高名凯先生诞生100周年[J].当代外语研究,(3):1-9+60.

胡壮麟.2016.外语学术核心术语丛书总序.翻译学核心术语[M].王东风,注.北京:外语教学与研究出版社.

华勒斯坦 等.1997.开放社会科学:重建社会科学报告书[M].刘锋,译.北京:生活·读书·新知三联书店.

华先发,华满元.2014.佛经翻译中文质之争的中国诗学阐释[J].湖北大学学报(哲学社会科学版),(5):138-142.

怀特海.2004.思维方式[M].刘放桐,译.北京:商务印书馆.

黄华新,陈宗明.2004.符号学导论[M].郑州:河南人民出版社.

黄见德.2014.明清之际西学东渐与中国社会[M].福州:福建人民出版社.

黄建华.2000.词典学研究[M].广州:广东世界图书出版公司.

黄建中.1998.比较伦理学[M].济南:山东人民出版社.

黄南珊.1995.西方理性概念内涵分析[J].晋阳学刊,(1):69-74.

黄顺铭.2005.术语翻译的规范与学术面貌的健康:对新闻价值,新闻的(之/底)价值的个案分析[J].术语标准化与信息技术,(2):27-30.

黄忠廉.2002.变译理论[M].北京:中国对外翻译出版公司.

黄忠廉.2016.严复变译思想考[M].北京:商务印书馆.

黄忠廉,李亚舒.2004.科学翻译学[M].北京:中国对外翻译出版公司.

季羡林. 1996. 门外中外文论絮语[J]. 文学评论,(6):5-13.

季羡林. 2015. 季羡林谈翻译(典藏本)[M]. 北京:当代中国出版社.

贾正传. 2003. 翻译学系统观:用系统观考察元翻译学的尝试[J]. 外语与外语教学,(6):45-49.

贾正传. 2008. 融合与超越:走向翻译辩证系统论[M]. 上海:上海译文出版社.

江怡. 2006. 如何把握思想的脉络:一种哲学拓扑学的视角[J]. 哲学研究,(1):74-75.

江怡. 2010. 思想的镜像:从哲学拓扑学的观点看[M]. 芜湖:安徽师范大学出版社.

姜倩,何刚强. 2016. 翻译概论[M]. 上海:上海外语教育出版社.

姜秋霞,张柏然. 1996. 整体概念与翻译[J]. 中国翻译,(6):15-18.

蒋述卓. 1988. 佛经翻译理论与中古文学,美学思想[J]. 文艺研究,(5):51-59.

蒋翼振. 1927. 翻译学通论[M]. 上海:义利印刷公司.

蒋原伦. 1998. 传统的界限:符号、话语与民族文化[M]. 北京:北京师范大学出版社.

蒋哲杰. 2015. 佛经汉译文质问题的再思考[J]. 翻译季刊,(2):60-76.

节于今. 2006. 建设创新型语言学[J]. 古汉语研究,(1):2-6.

金隄. 1980. 对等词观念害人不浅:Send 是送吗?[J]. 语言教学与研究,(3):118-122+147.

金隄. 1997. 等效翻译探索[M]. 增订版. 北京:中国对外出版翻译公司.

金观涛,刘青峰. 2009. 观念史研究:中国现代重要政治术语的形成[M]. 北京:法律出版社.

金惠敏. 2002. 全球化与中国当代文艺学的极境:一个哲学性的思考[J]. 湛江师范学院学报,(5):46-47.

金文俊. 1991. 翻译理论研究基本取向概述[J]. 外语教学与研究,

（1）:23-27＋79.

景天魁. 2017. 中国社会学:起源与绵延[M]. 北京:社会科学文献出版社.

卡西尔. 1985. 人论[M]. 甘阳,译. 上海:上海译文出版社.

卡西尔. 2013. 人论:人类文化哲学导引[M]. 甘阳,译. 上海:上海译文出版社.

康宁. 2006. 浅析当代西方翻译学术语及其向中国译学研究的引入[J]. 青岛科技大学学报(社会科学版),（1）:32-34.

赖特. 2016. 解释与理解[M]. 张留华,译. 杭州:浙江大学出版社.

勒温. 2009. 拓扑心理学原理[M]. 高觉敷,译. 北京:商务印书馆.

黎难秋. 1993. 中国科学文献翻译史稿[M]. 合肥:中国科学技术大学出版社.

黎难秋. 2006. 中国科学翻译史[M]. 合肥:中国科学技术大学出版社.

李倍雷. 2013. 构建艺术学理论的中国学术话语[J]. 贵州大学学报（艺术版）,（1）:16-24.

李伯文. 1985. 论科学的"遗传"和"变异"[J]. 科学学与科学技术管理,（10）:21-25.

李春青. 1996. 中国文化诗学论纲:对古代文论研究方法的一种构想[J]. 社会科学辑刊,（6）:122-127＋160.

李发根. 2017. 创新还是延续:内卷化理论的中国本土溯源[J]. 史学理论研究,（3）:61-69＋159.

李方祥. 2008. 二十世纪三四十年代学术中国化与马克思主义中国化的思潮互动[J]. 中共党史研究,（2）:58-67.

李贵连. 1997. 二十世纪初期的中国法学[C]. 中外法学,（2）:1-13.

李俊文. 2014. 百年来西方哲学在中国的发展[J]. 江西社会科学,（10）:5-13.

李龙. 2012. 论当代中国法学学术话语体系的构建[J]. 法律科学（西北政法大学学报）,（3）:21-26.

李清良. 1997. 话语建设与文化精神的承继[J]. 求是学刊,(4):85-87.

李清良. 2001. 中国文论思辨思维[M]. 长沙:岳麓书社.

李清良. 2007. 熊十力陈寅恪钱钟书阐释思想研究[M]. 北京:中华书局.

李腾龙,张政. 2014. 至显而寓至微,至约而寓至博:对繙清说翻译之道的解读[J]. 中国翻译,(4):32-35.

李田心. 2013. 新解奈达翻译理论术语 Equivalence 的名与实:Equivalence 乃对当而非等值[J]. 荆楚理工学院学报,(1):22-25.

李田心. 2014. 翻译理论研究与规范化翻译学术语:从 equivalence 被误译成等值引起的理论混乱看规范翻译学术语的必要性[J]. 宜春学院学报,(7):90-94.

李翔海. 2004. 关于中国哲学合法性问题的两点思考[J]. 社会科学战线,(3)21-27.

李醒民. 2012. 知识的三大部类:自然科学,社会科学和人文学科[J]. 学术界,(8):5-33 + 286.

李学军. 2017. 提升术语翻译质量服务对外话语体系[J]. 外语研究,(2):80-83.

李亚舒,黎难秋. 2000. 中国科学翻译史[M]. 长沙:湖南教育出版社.

李永红,金瑾英. 2011. 佛经翻译的文质概念与文心雕龙之文质论[C] // 陈允吉. 佛经文学研究论集续编. 上海:复旦大学出版社.

李幼蒸. 1996. 结构与意义:人文科学跨学科认识论研究[M]. 北京:中国社会科学出版社.

李幼蒸. 2003. 历史符号学[M]. 桂林:广西师范大学出版社.

梁启超. 2003. 中国近三百年学术史[M]. 天津:天津古籍出版社.

梁启超. 2006. 梁启超说佛[M]. 高淑兰,编. 北京:九州出版社.

梁启超. 2009. 佛典之翻译[C] // 罗新璋,陈应年. 翻译论集. 北京:商务印书馆:110-114.

梁漱溟. 1999/2010. 东西文化及其哲学[M]. 北京:商务印书馆.

廖七一. 2010. 中国近代翻译思想的嬗变：五四前后文学翻译规范研究[M]. 天津：南开大学出版社.

廖世兰. 2016. 术语翻译与使用：论蒯因术语 Radical Translation 之译名[J]. 成都理工大学学报(社会科学版)，(6)：97-101.

列文森. 2009. 儒教中国及其现代命运[M]. 郑大华，任菁，译. 桂林：广西师范大学出版社.

林甘泉. 1996. 二十世纪的中国历史学[J]. 历史研究，(2)：5-25.

林煌天. 1997/2005. 中国翻译词典[Z]. 武汉：湖北教育出版社.

林克难. 2001. 为翻译术语正名[J]. 中国翻译，(1)：14-16.

林乐昌. 2005. 张载理观探微：兼论朱熹理气观与张载虚气观的关系问题[J]. 哲学研究，(8)：24-30 + 127.

林语堂. 2013. 林语堂文集 有所不为[M]. 北京：北京联合出版公司.

凌斌. 2009. 中国人文社会科学三十年(1978—2007)：一个引证研究[J]. 清华大学学报(哲学社会科学版)，(1)：32-49 + 159.

刘彬，陈佑芳. 2013. 翻译学科发展的瓶颈：术语译文的差异：以语料库翻译学术语为例[J]. 中国科技翻译，(4)：22-24.

刘崇中. 1997. 中国学术话语中的西方主义[J]. 外国文学研究，(4)：17-21.

刘大椿，赵俊海. 2016. 科学哲学的经验主义新建构[J]. 中国社会科学，(8)：47-65 + 205.

刘丹青. 1965. 英语成语的理解和翻译[J]. 外语教学与研究，(1)：44-51.

刘禾. 2014. 跨语际实践：文学，民族文化与被译介的现代性[M]. 宋伟杰等，译. 北京：生活·读书·新知三联书店.

刘华文. 2011. 翻译批评的三种中国古典批评模式[J]. 外语研究，(5)：81-85 + 112.

刘靖之. 1981. 翻译论集[M]. 北京：生活·读书·新知三联书店.

刘满芸. 2015. 共生翻译学建构[M]. 上海：复旦大学出版社.

刘梦溪.2016.陈寅恪的学说［M］.北京:生活·读书·新知三联书店.

刘梦溪,夏晓虹.1996.中国现代学术经典·梁启超卷［M］.石家庄:河北教育出版社.

刘宓庆.1986.文体与翻译［M］.北京:中国对外翻译出版公司.

刘宓庆.1993.中国现代翻译理论的任务:为杨自俭编著之翻译新论而作［J］.外国语,(2):4-8＋82

刘宓庆.2005.中西翻译思想比较研究［M］.北京:中国对外翻译出版公司.

刘明.2017.面向翻译的术语库建设:加拿大 Termium 的实践与启示［J］.中国翻译,(5):81-86.

刘强.2014.论儒家诗学的伦理建构与审美转换:以刘勰的华实范畴为例［J］.同济大学学报(社会科学版),(3):78-85.

刘润泽,魏向清,黄鑫宇.2019.中国特色译学话语体系构建与译学辞典观创新:改革开放 40 年中国译学辞典编纂回顾与反思［J］.外语研究,(5):53-57＋112.

刘润泽,魏向清,赵文菁.2015.对等术语的谱系化发展与中国当代译学知识体系建构:兼谈术语翻译的知识传播与理论生发功能［J］.中国翻译,(5):18-24＋127.

刘润泽,魏向清.2015."中国梦"英译研究再思考:兼论政治术语翻译的概念史研究方法［J］.中国外语,(6):99-106.

刘润泽,魏向清.2017.生态译学话语构建的术语批评路径及其反思:知识生产与话语传播［J］.外语学刊,(3):74-79.

刘笑敢.2006.反向格义与中国哲学研究的困境:以老子之道的诠释为例［J］.南京大学学报(人文社科版),(2):34-39＋128.

刘烜.2000.中西交汇与文艺创造［M］.西安:陕西师范大学出版社.

刘英凯.2002.论中国译论的潜科学现状［J］.外语与外语教学,(1):49-53.

刘颖. 2004. 从术语翻译看西方文论的中国化[J]. 中国比较文学，
　(4)：77-81.

刘植惠. 1998. 知识基因理论的由来、基本内容及发展[J]. 情报理论
　与实践，(2)：8-13.

卢毅. 2004. 国故与新潮之争述评：兼论五四时期整理国故运动的兴
　起[J]. 人文杂志，(1)：39-44.

罗根泽. 2003. 中国文学批评史[M]. 上海：上海书店出版社.

罗荣渠. 2008. 从"西化"到现代化(上)[M]. 合肥：黄山书社：代序.

罗悌伦. 1986. 翻译时空观[J]. 中国翻译，(2)：2-5.

罗新璋. 1983a. 我国自成体系的翻译理论[J]. 中国翻译，(7)：9-13.

罗新璋. 1983b. 我国自成体系的翻译理论(续)[J]. 中国翻译，(8)：8-
　12.

罗新璋. 1984. 翻译论集[C]. 北京：商务印书馆.

罗新璋. 1990a. 钱锺书的译艺谈[J]. 中国翻译，(6)：3-11.

罗新璋. 1990b. 似与等[J]. 世界文学，(2)：285-295＋272.

罗新璋，陈应年. 2009. 翻译论集[C]. 北京：商务印书馆.

罗选民. 2017. 翻译与中国现代性[M]. 北京：清华大学出版社.

吕公礼，宫英瑞. 2013. 语言的拓扑变换性与翻译理论的本体建构[J].
　东方论坛，(4)：61-68.

吕俊. 2001. 跨越文化障碍：巴比塔的重建[M]. 南京：东南大学出版
　社.

吕俊，侯向群. 1999. 元翻译学的思考与翻译的多元性研究[J]. 外国
　语，(5)：56-61.

吕俊，侯向群. 2005. 翻译学：一个建构主义的视角[M]. 上海：上海外
　语教育出版社.

吕世生. 2013. 人文社会学科研究的翻译转向[J]. 中国社会科学院研
　究生院学报，(5)：99-104.

吕世生. 2013. 社会学的翻译转向及其对人文社会科学的意义[J]. 国

外社会科学,(5):107-112.

吕叔湘.1987.中国语法学史稿序[M] // 龚千炎.中国语法学史稿.北京:语文出版社:序1.

马克垚.2008.编写世界史的困境[C] // 刘新成.全球史评论(第1辑).北京:商务印书馆:5-22.

马援.2016.中国学术与话语体系建构[M].北京:社会科学文献出版社.

马祖毅.1984/2004.中国翻译简史:五四以前部分[M].北京:中国对外翻译出版公司.

蒙培元.1988.论中国传统思维方式的基本特征[J].哲学研究,(7):53-60.

孟凡君.2016.中国译学主体性研究:中国译学四象论初探[M].北京:科学出版社.

孟令霞.2011.从术语学角度看术语翻译[J].中国科技翻译,(2):28-30+44.

孟真.1935.文化月旦:中国本位的文化建设问题[J].文化建设,(5):3-4.

莫日达.2004.中国古代统计思想史[M].北京:中国统计出版社.

牟复礼.2009.中国思想之渊源[M].王立刚,译.北京:北京大学出版社.

牟宗三.1997.中国哲学的特质[M].上海:上海古籍出版社.

牛云平.2008.西塞罗的秤:西方等值论译论文化探源[J].外语与外语教学,(1):48-51.

帕尔默.2012.诠释学[M].潘德荣,译.北京:商务印书馆.

帕伦博.2016.翻译学核心术语[M].王东风,注.北京:外语教学与研究出版社.

潘琳玲,朱守信.2015.中国学术话语体系的译学审思:反向格义抑或中西会通[J].北京社会科学,(8):29-35.

潘文国.2012.中国译论与中国话语[J].外语教学理论与实践,(1):1
　－7.

潘文国.2016.大变局下的语言与翻译研究[J].外语界,(1):6-11.

泮伟江.2016.卢曼与他的现代社会观察[J].读书,(1):40-48.

庞秀成.2011.译论以形式/内容收编中国学术话语的反思[J].中国
　翻译,(3):5-10＋96.

彭发胜.2011.翻译与中国现代学术话语的形成[M].杭州:浙江大学
　出版社.

彭萍.2008.伦理视角下的中国传统翻译活动研究[M].北京:外语教
　学与研究出版社.

彭漪涟.1991.概念论:辩证逻辑的概念理论[M].上海:学林出版社.

皮亚杰.1999.人文科学认识论[M].郑文彬,译.北京:中央编译出版
　社.

钱基博.2013.国学必读(上)[M].北京:北京联合出版公司.

钱纪芳.2010.和合翻译思想初探[J].上海翻译,(3):11-15.

钱纪芳.2016.基于太极图式的和合翻译思想之"象"体系建构[J].上
　海翻译,(4):1-8＋93.

钱林森.1992.中国之欧洲译文序[M]∥艾田蒲.中国之欧洲(上).许
　钧,钱林森,译.郑州:河南人民出版社.

钱穆.1984.现代中国学术论衡[M].台北:东大图书股份有限公司.

钱穆.1987.中国文学讲演录[M].成都:巴蜀书社.

钱穆.2001.现代中国学术论衡[M].北京:生活·读书·新知三联书
　店.

钱旭红.2012.改变思维[M].上海:上海文艺出版社.

仇蓓玲.2015.论术语翻译中译者主体性的重要性及其运作模式:翻
　译博弈论的启示[J].外语教学,(5):109-112.

屈平.2011.翻译:直译,意译与关联[J].哈尔滨师范大学社会科学学
　报(1):81-88.

全国哲学社会科学话语体系建设协调会议办公室.2015.中国学术与话语体系建构(社会科学卷)[M].北京:社会科学文献出版社.

全国哲学社会科学话语体系建设协调会议办公室.2015.中国学术与话语体系建构(总论·人文科学卷)[M].北京:社会科学文献出版社.

瞿林东.1999.中国史学史纲[M].北京:北京出版社.

瞿林东.2009a.探索中国史学的理论研究话语体系[N].中国社会科学报,12-01(003).

瞿林东.2009b.中国学术话语体系的当代建构[N].中国社会科学报,12-01(001).

瞿林东.2011.关于当代中国史学话语体系建构的几个问题[J].中国社会科学,(2):21-27.

任保平,何军.2016.当代中国马克思主义政治经济学研究[M].北京:中国经济出版社.

任继愈.1981.中国佛教史:第1卷[M].北京:中国社会科学出版社.

任遂虎.2011.文章学通论[M].北京:清华大学出版社.

商传.2002.传统史学,新史学与社会性别史[J].历史研究,(6):147-150.

舍勒.知识社会学问题[M].艾彦,译.北京:华夏出版社,1999.

石春让,路晓红.2012.术语翻译的生态功能[J].民族翻译,(3):47-53.

石佳.2018.恩格斯与资本论的术语革命[J].江淮论坛,(1):54-59.

石佳,王庆丰.2015.商品概念的术语革命:马克思资本论的哲学意义探析[J].南京社会科学,(11):47-53.

舒跃育.2016.学派建设与中国心理学的未来[J].中国社会科学评价,(3):68-77+127.

孙宝萱.1983.忘山庐日记[M].上海:上海古籍出版社.

孙昌武.2007.佛教与中国文学[M].上海:上海人民出版社

孙会军. 2005. 普遍与差异：后殖民批评视阈下的翻译研究［M］. 上海：上海译文出版社.

孙慧. 2015. 资本论价值概念的"术语革命"：经济范畴的存在论意涵［J］. 中南大学学报(社会科学版),(3):22-27＋21.

孙艺风. 2014. 论翻译的暴力［J］. 中国翻译,(6):5-13.

孙迎春. 1999. 译学大词典［Z］. 北京：中国世界语出版社.

孙迎春. 2009. 译学词典论［M］. 上海：上海外语教育出版社.

孙正聿. 2016. 哲学：思想的前提批判［M］. 北京：中国社会科学出版社.

索绪尔. 2009. 普通语言学教程［M］. 高名凯,译. 北京：商务印书馆.

谭荣波. 2002. 源与流：学科,专业及其关系的辨析［J］. 教育发展研究,(11):114-116.

谭载喜. 1998. 翻译学必须重视中西译论比较研究［J］中国翻译,(2)：11-15.

谭载喜. 1999. 中西译论的相似性［J］. 中国翻译,(6):26-29.

谭载喜. 2000a. 中西译论的相异性［J］. 中国翻译,(1):15-21.

谭载喜. 2000b. 翻译学［M］. 武汉：湖北教育出版社.

谭载喜. 2005. 关于西方翻译理论发展史的几点思考［J］. 外国语,(1):53-59.

唐小林,祝东. 2012. 符号学诸领域［M］. 成都：四川大学出版社.

陶李春,张柏然. 2016. 中国术语翻译研究探微：张柏然教授访谈录［J］. 外语研究,(2):83-86.

涂纪亮. 2007. 现代欧洲大陆语言哲学：现代西方语言哲学比较研究［M］. 武汉：武汉大学出版社.

汪东萍. 2012. 佛典汉译的文质之争与西方意译、直译之争的对比研究［J］. 暨南学报(哲学社会科学版),(8):115-122＋163-164.

汪东萍,傅勇林. 2010a. 回归历史：解读佛经翻译的文质之争［J］. 外语教学,(2):97-100.

汪东萍,傅勇林. 2010b. 从头说起:佛经翻译文质概念的出处、演变和厘定[J] 外语与外语教学,(4):69-73.

汪涌豪. 1999. 范畴论[M]. 上海:复旦大学出版社.

汪涌豪. 2007. 中国文学批评范畴及体系[M]. 上海:复旦大学出版社.

王秉钦. 2004. 20 世纪中国翻译思想史[M]. 天津:南开大学出版社.

王秉钦,王頡. 2009. 20 世纪中国翻译思想史[M]. 天津:南开大学出版社.

王崇德. 1990. 社会科学研究方法要论[M]. 上海:学林出版社.

王大智. 2012. 翻译与翻译伦理:基于中国传统翻译伦理思想的思考[M]. 北京:北京大学出版社.

王东风. 2008. 译学关键词:abusive fidelity [J]. 外国语,(4):73-77.

王国维. 2015. 人间词话[M]. 合肥:安徽文艺出版社.

王国席. 2007. 人文科学概论[M]. 合肥:合肥工业大学出版社.

王宏亮. 2017. 从学科史到理论建构:哲学社会科学话语权的实现路径[J]. 社会科学论坛,(8):81-88.

王宏印. 2003. 中国传统译论经典诠释:从道安到傅雷[M]. 武汉:湖北教育出版社.

王宏印,刘士聪. 2002. 中国传统译论经典的现代诠释:作为建立翻译学的一种努力[J]. 中国翻译,(2):7-9.

王宏印,吕洁. 2002. 佛经译论上的文质不等于今天的直译意译[C] // 汉英对比与翻译国际研讨会暨中国英汉语比较研究会第五次全国学术研讨会论文集. 上海华东师范大学.

王建华. 2013. 术语对等在专业英语翻译中的引领作用[J]. 职教通讯,(33):34-35.

王珏. 2016. 从翻译到文化杂合:译创理论的虚涵数意[J]. 外语教学理论与实践,(1):92-97.

王昆. 2014. 晚清政治学学科发展研究:1899—1905 年[J]. 湖南师范大学社会科学学报,(2):66-75.

王力. 1981. 中国语言学史[M]. 太原:山西人民出版社.

王宁. 2005. 翻译的文化建构和文化研究的翻译学转向[J]. 中国翻译,(6):5-9.

王平. 2011. 中国传统译论的美学特色研究[M]. 杭州:浙江工商大学出版社.

王庆丰,石佳. 2017. 资本论的"术语革命":恩格斯解读资本论的重要贡献[J]. 中国高校社会科学,(03):67-75+158.

王庆奖,杨燕. 2014. 后现代主义的理论与实践研究:文化权力碎片化[M]. 昆明:云南大学出版社.

王铁钧. 2009. 中国佛典翻译史稿[M]. 北京:中央编译出版社.

王向远. 2015. 以迻译/释译/创译取代直译/意译:翻译方法概念的更新与译文学研究[J]. 上海师范大学学报(哲学社会科学版),(5):132-142.

王学典. 1990. 翦伯赞与中国历史科学的理论建设[J]. 历史研究,(3):66-79.

王学典. 2004. 近五十年的中国历史学[J]. 历史研究,(1):165-190.

王学典. 2005. 从"历史理论"到"史学理论":新时期以来中国史学理论研究的回顾与展望[J]. 江西社会科学,(6):15-26.

王学典. 2013. 良史的命运[M]. 北京:生活·读书·新知三联书店.

王岩,殷文贵. 2018. "人类命运共同体"理念生成的四重逻辑[J]. 西南民族大学学报(人文社科版),(8):185-191.

王一多. 2013. 异中求通:中国当代译学术语的动态形成[M]. 北京:光明日报出版社.

王永秋. 2001. 几个口译术语翻译不统一的问题[J]. 上海科技翻译,(4):51-52.

王元化. 1979. 文心雕龙创作论[M]. 上海:上海古籍出版社.

王宗炎. 1988. 英汉应用语言学词典[Z]. 长沙:湖南教育出版社.

王佐良. 1963. 关于英语的文体风格研究[J]. 外语教学与研究,(2):3

−11.

魏向清. 2008. 在结构与解构之间:重新审视中国传统译论的理论建构价值[C] // 张柏然,刘华文,张思洁. 中国译学:传承与创新 2008 中国翻译理论研究高层论坛文集. 上海:上海外语教育出版社:47−57.

魏向清. 2010. 国际化与民族化:人文社科术语建设中的翻译策略[J]. 南京社会科学,(5):116−121.

魏向清. 2014. 术语翻译过程的传播学阐释与思考[J]. 翻译论坛,(3):20−25.

魏向清,刘润泽,时闻. 2000. 术语・知识・话语:跨学科视域下的术语翻译研究新探索[Z]. 南京:南京大学出版社.

魏向清,杨平. 2019. 中国特色话语对外传播与术语翻译标准化[J]. 中国翻译,(1):91−97.

魏向清,赵连振. 2012. 术语翻译研究导引[M]. 南京:南京大学出版社.

文化建设月刊社. 1936. 中国本位文化建设讨论集[C]. 上海:文化建设月刊社.

吴国林. 2009. 后现象学及其进展:唐・伊德技术现象学述评[J]. 哲学动态,(4):70−76.

吴国盛. 2016. 自然史还是博物学?[J]. 读书,(1):89−95.

吴丽坤. 2009. 俄罗斯术语学探究[M]. 北京:商务印书馆.

吴晓明. 2016. 中国学派如何真正成为现实?[N]. 中国社会科学报,03−17(001).

吴新祥,李宏安. 1990. 等值翻译论[M]. 南昌:江西教育出版社.

吴兴明. 2001. 中国传统文论的知识谱系[M]. 成都:巴蜀书社.

吴志杰. 2009. 中国传统译论专题研究[M]. 上海:上海译文出版社.

吴志杰. 2011. 和合翻译研究刍议[J]. 中国翻译,(4):5−13 + 96.

吴志杰. 2012. 和合翻译学论纲[J]. 广西大学学报(哲学社会科学

版),(1):100-103.

吴志杰,柯平. 2011. 术语翻译的五步曲:从"黑客"、"骇客"、"怪客"与"红客"说起[J]. 外语研究,(3):85-92+112.

伍晓明,江怡. 2007. 中西比较的新思路:哲学拓扑学的视野[J]. 哲学动态,(12):27-32.

希尔斯. 2014. 论传统[M]. 傅铿,吕乐,译. 上海:上海人民出版社.

习近平. 2016. 在哲学社会科学工作座谈会上的讲话[N]. 文汇报,05-18.

夏静. 2010. 对待立义与中国文论话语形态的建构[J]. 文学评论,(6):29-35.

夏征农,陈至立. 2009. 辞海[Z]. 上海:上海辞书出版社.

肖锦龙. 2010. 福柯理论视野中的话语:从知识考古学谈起[J]. 文艺理论研究,(5):87-92.

肖平杨,金萍. 2006. 缘生·赋值等值说述论:来自佛教量论的等值翻译解说[J]. 现代哲学,(3):71-79.

谢思田. 2009. "信、达、雅"重构视界下的中西译理融合[M]. 北京:知识产权出版社.

谢天振. 1995. 建立中国译学研究的文艺学派[J]. 外国语,(4):24-30+80.

谢无量. 1967. 中国哲学史[M]. 台北:中华书局.

信娜. 2015a. 中国术语翻译研究的计量分析[J]. 中国科技术语(2):38-42+46.

信娜. 2015b. 术语翻译思维单位转换说[J]. 中国科技翻译,(1):52-55+20.

徐玲. 2010. 留学生与西方考古学知识在中国的传播[J]. 徐州师范大学学报(哲学社会科学版),(4):6-9.

许冠三. 2003. 新史学九十年[M]. 长沙:岳麓书社.

许国璋. 1986. 语言的定义、功能、起源[J]. 外语教学与研究,(2):15-

22.

许钧. 2001. 切实加强译学研究和翻译学科建设[J]. 中国翻译,(1):2
    -8.

许钧. 2013. 开发本土学术资源的一面旗帜:《生态翻译学:建构与诠
    释》序[M] // 胡庚申. 生态翻译学:建构与诠释. 北京:商务印书馆.

许钧 等. 2018. 改革开放以来中国翻译研究概论(1978—2018)[M].
    武汉:湖北教育出版社.

许钧,宋学智,胡安江. 2016. 傅雷翻译研究[M]. 南京:译林出版社.

许渊冲. 2005. 自成一派的文学翻译理论[C] // 周发祥等主编. 2006.
    国际翻译学新探. 天津:百花文艺出版社:9-27.

严晓江. 2008. 梁实秋中庸翻译观研究[M]. 上海:上海译文出版社.

杨匡汉. 2012. 海外华文文学:学科之名与学理之弦[J]. 暨南学报(哲
    学社会科学版),(6):25-31.

杨匡汉 等. 2002. 全球化背景与文学、文艺学本土化策略笔谈[J]. 湛
    江师范学院学报,(5):41-60.

杨丽华. 2011. 中国近代翻译家研究[M]. 天津:天津大学出版社.

杨柳. 2006. 西方翻译对等论在中国的接受效果:一个文化的检讨[J].
    中国翻译,(3):3-9.

杨念群. 2015. 中国人文学传统的再发现:基于当代史学现状的思考
    [J]. 中国人民大学学报,(6):102-113.

杨念群. 2016. 中国史学表述"西学化"的源起及其演进[J]. 中国书
    法,(8):189.

杨念群,黄兴涛,毛丹. 2003. 新史学:多学科对话的图景[M]. 北京:
    中国人民大学出版社.

杨鑫辉. 1983. 研究中国心理学史刍议[J]. 心理学报,(3):289-293.

杨鑫辉,赵莉如. 2000. 心理学通史:中国近现代心理学史[M]. 济南:
    山东教育出版社.

杨玉荣. 2013. 中国近代伦理学核心术语的生成研究[M]. 武汉:武汉

大学出版社.

杨镇华. 1935. 翻译研究[M]. 北京：商务印书馆.

杨自俭. 2002. 我国译学建设的形式与任务[J]. 中国翻译，(1)：6.

杨自俭. 2003. 中国传统译论的现代转化问题[M]∥王宏印. 中国传统译论经典诠释：从道安到傅雷. 武汉：湖北教育出版社，序：1-7.

杨自俭. 2004a. 加强译学术语研究势在必行[J]. 外语学刊，(3)：110-111.

杨自俭. 2004b. 中国传统译论的现代转化问题[J]. 四川外语学院学报，(1)：111-113.

杨祖希，徐庆凯. 1991. 专科辞典学[M]. 成都：四川辞书出版社.

叶朗. 1985. 中国美学史大纲[M]. 上海：上海人民出版社.

于德英. 2008. 中西译论比较：在异同间寻求文化对话互动的空间：兼论勒菲弗尔的"中西翻译思想"[J]. 外语与外语教学，(1)：56-59.

于德英. 2009. 隔与不隔的循环：钱钟书化境论的再阐释[M]. 上海：上海译文出版社.

余光中. 2014. 翻译即大道[M]. 北京：外语教学与研究出版社.

余虹. 1999. 中国文论与西方诗学[M]. 北京：生活·读书·新知三联书店.

余来明. 2014. 在历史中理解文学概念[N]. 中国社会科学报，3-28，A08版.

宇文所安. 2003. 中国文论：英译与评述[M]. 王柏华，陶庆梅，译. 上海：上海社会科学院出版社.

乐黛云等. 1998. 比较文学原理新编[J]. 北京：北京大学出版社.

岳玉玺. 1996. 傅斯年选集[M]. 天津：天津人民出版社.

曾令良. 2011. 中国国际法学话语体系的当代构建[J]. 中国社会科学，(2)：35-41＋4＋220.

曾文雄. 2013. 哲学维度的中西翻译学比较研究[M]. 北京：科学出版社.

张柏然.1998.翻译本体论的断想[J].外语与外语教学,(4):45-48+56.

张柏然.2001.当代翻译美学的反思[J].外语与外语教学,(8):1-33.

张柏然.2008.中国译论:直面"浴火重生"[J].中国外语,(4):1+85-86.

张柏然,刘华文,张思洁.2008.中国译学:传承与创新:中国翻译理论研究高层论坛文集[C].上海:上海外语教育出版社.

张柏然,辛红娟.2009.当下翻译理论研究的两个向度[J].中国外语,(5):93-97.

张柏然,辛红娟.2016.译学研究叩问录:对当下译论研究的新观察与新思考[M].南京:南京大学出版社.

张柏然,张思洁.1997.中国传统译论的美学辨[J].现代外语,(2):26-30.

张柏然,张思洁.2001.翻译学的建设:传统的定位与选择[J].南京大学学报(哲学·人文科学·社会科学版),(4):87-94.

张常勇,程相占.2008.商周"鼎"观念的二元结构[J].西北民族研究,(2):40-46.

张沉香.2006.影响术语翻译的因素及其分析[J].上海翻译,(3):63-66.

张岱年.1985.论中国古代哲学的范畴体系[J].中国社会科学,(2):89-102.

张岱年.2005.中国哲学大纲[M].南京:江苏教育出版社.

张岱年.2007.张岱年全集(第四卷)[M].石家庄:河北人民出版社.

张法.2008.论中国古代美学体系性著作的特色[J].中国人民大学学报,(1):131-137.

张法.2009.中国现代哲学语汇从古代汉语型到现代汉语型的演化[J].中国政法大学学报,(1):46-55+159.

张法.2011.艺术学:复杂演进与术语纠缠[J].文艺研究,(3):5-12.

张法. 2012a. 中国现代学术语汇的困局:以艺术学为例[J]. 探索与争鸣,(3):61-65.

张法. 2012b. 中国现代哲学语汇体系之语言分析[J]. 清华大学学报(哲学社会科学版),(2):83-103 + 159.

张光直. 1995. 考古学和中国历史学[J]. 陈星灿,译. 考古与文物,(3):1-10.

张灏. 1999. 中国近代思想史的转型时代[J]. 香港中文大学,二十一世纪总第 52 期.

张今. 1987. 文学翻译原理[M]. 开封:河南大学出版社.

张景华. 2015. 论翻译暴力的学理依据及其研究价值:兼与曹明伦教授商榷[J]. 中国翻译,(6):65-72.

张景华. 2016. 清末民初西学术语译名的翻译暴力探析[J]. 翻译界,(2):69-80 + 137-138.

张君劢. 2006. 民族复兴之学术基础[M]. 北京:中国人民大学出版社.

张隆溪. 2004. 走出文化的封闭圈[M]. 北京:生活·读书·新知三联书店.

张乃英. 1998. 中国传统文化与现代管理学[J]. 社会科学,(6):57-60.

张南峰. 2004. 中西译学批评[M]. 北京:清华大学出版社.

张佩瑶. 2004. 对中国译学理论建设的几点建议[J]. 中国翻译,(5):5-11.

张佩瑶. 2008. 重读传统译论:目的与课题[J]. 中国翻译,(6):5-10 + 92.

张岂之,周祖达. 1990. 译名论集[C]. 西安:西北大学出版社.

张书琛. 2006. 探索价值产生奥秘的理论:价值发生论[M]. 广州:广东人民出版社.

张思洁. 2006. 中国传统译论范畴及其体系[M]. 上海:上海译文出版社.

张涛甫. 2015. 新闻传播学:话语生产与话语权力[J]. 全球传媒学刊

(3):18-25.

张熙若.1935.全盘西化与中国本位[C]∥张岱年,敏译主编.1999.回读百年:20世纪中国社会人文论争(第2卷):676-690.

张旭.2004.关于翻译研究术语汉译的讨论[J].中国翻译,(4):83-86.

张颐武.1990.第三世界文化与中国文学[J].文艺争鸣,(1):11-17+2.

张宇.2015.关于构建中国经济学体系和学术话语体系的若干思考[J].学习与探索,(4):86-98.

章清.2007.采西学:学科次第之论辩及其意义:略论晚清对西学门径的探讨[J].历史研究,(3):107-128+191.

章士钊.2000.章士钊全集(第1卷)[M].上海:文汇出版社.

赵连振.2019.基于"NUTERM术语库"的中国艺术学术语系统英译研究:术语翻译的系统经济律视角[J].西南交通大学学报(社会科学版),(04):42-48.

赵梅春.2012.从"'梁启超式'的输入"到当代史学话语体系的建构:中国现代史学发展走向论析[J].天津社会科学,(4):135-140.

赵巍.2007.翻译学术语规范化的实践及效果反思[C]∥译学辞典与翻译研究:第四届全国翻译学辞典与翻译理论研讨会论文集.中国翻译协会,大连民族学院外国语言文化学院.

赵巍,薄振杰.2008.关于传统译学术语系统[J].上海翻译,(3):62-66.

赵巍,石春让.2009.文质的现代转化问题:兼论传统译论的价值和现代阐释[J].上海翻译,(3):14-18.

赵彦春.2005.翻译学归结论[M]上海:上海外语教育出版社.

赵轶峰.2016."新时期"史学理论之我见[J].史学月刊,(4):5-7.

赵振铎.1998.辞书学纲要[M].成都:四川辞书出版社.

郑伯华.1962.论文学翻译的若干特点[J].武汉大学学报,(2):76-90.

郑大华.2017.中国近代民族复兴思潮研究(上,下)[M].北京:中国社会科学出版社.

郑杭生. 2011. 学术话语权与中国社会学发展[J]. 中国社会科学，(2):27-34+4+220.

郑杭生. 2012. 自觉与中国风格社会科学：以中国社会学为例[J]. 江苏社会科学，(6):1-5.

郑荣双,叶浩生. 2007. 中国心理学原创性的缺失及应对策略[J]. 心理科学,(2):465-467.

郑声滔. 1991. 术语翻译在文化交流中的重要意义[J]. 福建外语，(Z1):79-81.

郑意长. 2010. 近代翻译思想的演进[M]. 天津：天津古籍出版社.

郑永年. 2018. 中国的知识重建[M]. 北京：东方出版社.

中共中央马克思恩格斯列宁斯大林著作编译局编译. 2009a. 马克思恩格斯文集:第5卷[M]. 北京：人民出版社.

中共中央马克思恩格斯列宁斯大林著作编译局编译. 2009b. 马克思恩格斯文集:第6卷[M]. 北京：人民出版社.

中国社会科学院语言研究所词典编辑室. 2012. 现代汉语词典[Z]. 6版. 北京：商务印书馆.

周领顺,强卉. 2016. "厚译"究竟有多厚?:西方翻译理论批评与反思之一[J]. 外语与外语教学,(6):103-112+150.

周有光. 1989. 科学的一元性[J]. 群言,(3):17-19.

周有光. 1992. 文化传播和术语翻译[J]. 外语教学,(3):62-71.

朱跃. 2006. 语义论[M]. 北京：北京大学出版社.

朱志瑜. 1998. 论中国佛经翻译理论:文质说[J]. 翻译季刊,(7-8):95-118.

朱志瑜,黄立波. 2013. 中国传统译论:译名研究[M]. 长沙：湖南人民出版社.

朱志瑜,张旭,黄立波. 2020. 中国传统译论文献汇编:6卷本[M]. 北京：商务印书馆.

朱志瑜,朱晓农. 2006. 中国佛籍译论选辑评注[M]. 北京:清华大学出版社.

邹嘉彦,游汝杰. 2004. 语言接触论集[M]. 上海:上海教育出版社.

邹建军,熊素娟. 2018. 文学伦理学批评术语运用问题:邹建军教授访谈录[J]. 社会科学动态,(3):5-12.

邹振环. 1996. 影响中国近代社会的一百种译作[M]. 北京:中国对外翻译出版公司.

邹振环. 2017. 20 世纪中国翻译史学史[M]. 上海:中西书局.

左玉河. 2005. 中国旧学纳入近代新知识体系之尝试[C] // 郑大华,邹小站. 思想家与近代中国思想. 北京:社会科学文献出版社:214-252.

索引